O DEVER DE MOTIVAÇÃO DOS ATOS E DECISÕES ADMINISTRATIVAS E A NOVA LINDB

Thiago de Bessa da Silva

O DEVER DE MOTIVAÇÃO DOS ATOS E DECISÓES ADMINISTRATIVAS E A NOVA LINDB

Natal, 2023

Coordenacão Editorial: Polimatia
Capa: Lamonier
Revisão ortográfica e gramatical: Responsabilidade dos autores

Catalogação da Publicação na Fonte

S586d

Silva, Thiago de Bessa da.
  O dever de motivação dos atos e decisões administrativas e a nova LINDB / Thiago de Bessa da Silva. – Natal: Polimatia, 2023.
  82 p.

Inclui bibliografia.
ISBN 978-65-84539-48-8.

1. Direito administrativo. 2. Decisões administrativas – Motivação. 3. Atos administrativos. 4. Lei de Introdução às Normas do Direito Brasileiro (LINDB). I. Título.

CDU 342.9

Elaborada por Shirley de Carvalho Guedes. CRB/15 – 440

As opiniões externadas nas contribuições deste livro são de exclusiva responsabilidade dos autores.

Todos os direitos desta edição reservados à Editora Polimatia
Rua Barão de Lucena, n. 62
Bairro Pitimbu | 59.066-285 | Natal-RN | Brasil
e-mail: editorapolimatia@gmail.com
Telefone: 84 99145-5262

A Tatiana, sempre.
E aos nossos filhos Theo (in memorian) e Murilo.

AGRADECIMENTOS

Inicialmente, gostaria de agradecer a disposição e apoio do meu orientador, Professor Doutor Vladimir da Rocha França, cujo vasto acervo de publicações serviu de suporte bibliográfico para realização desse trabalho. Marcando sempre pela disponibilidade e boa vontade, sua trajetória acadêmica serve de inspiração para os novos administrativistas.

Por fim, agradeço à minha família, cujo suporte, nesta e em todas as atividades nas quais me envolvo, tem caráter fundamental.

No Estado de Direito, todos os poderes sujeitam-se à lei. Qualquer intromissão na esfera jurídica das pessoas deve, por isso mesmo, justificar-se, o que caracteriza o Estado de Direito como "rechtsfertingender Staat", como "Estado que se justifica". Distingue a doutrina dois aspectos complementares dessa "justificação": o material e o formal. A intromissão é materialmente justificada, quando para ela existe fundamento: é formalmente justificada, quando se expõe, se declara, se demonstra o fundamento.

Joseé Carlos Barbosa Moreira

SUMÁRIO

1 INTRODUÇÃO..13

2 MOTIVAÇÃO NO SISTEMA JURÍDICO BRASILEIRO......................17
2.1 DEVER DE FUNDAMENTAÇÃO NO CONTEXTO DA ASSEMBLEIA NACIONAL CONSTITUINTE.............................20
2.2 MOTIVAÇÃO DAS DECISÕES ADMINISTRATIVAS NA CONSTITUIÇÃO DE 1988...25
2.3 TRATAMENTO INFRACONSTITUCIONAL DO DEVER DE FUNDAMENTAR...29
2.4 REFORMA DA LEI DE INTRODUÇÃO ÀS NORMAS DO DIREITO BRASILEIRO..34
2.5 REQUISITOS PARA SE CONSIDERAR UMA DECISÃO ADMINISTRATIVA FUNDAMENTADA...............................38

3 DECISÕES ADMINISTRATIVAS ROBÓTICAS E O DEVER DE MOTIVAÇÃO...43
3.1 CONCEITO DE ATO ADMINISTRATIVO ROBÓTICO...........45
3.2 MOTIVAÇÃO DOS ATOS VINCULADOS E DOS ATOS DISCRICIONÁRIOS...48
3.3 DEVER DE MOTIVAÇÃO DAS DECISÕES ADMINISTRATIVOS ROBÓTICAS...52

4 ATOS DE INTERVENÇÃO NO DOMÍNIO ECONÔMICO E A OBRIGATORIEDADE DE FUNDAMENTAÇÃO.........................57
4.1 DA AUSÊNCIA DO DEVER LEGAL DE MOTIVAR NOS ATOS DE ALTERAÇÃO DE ALÍQUOTA DOS IMPOSTOS EXTRAFISCAIS...58
4.2 NECESSIDADE DE INTERVENÇÃO INDIRETA DO ESTADO NO DOMÍNIO ECONÔMICO..64

4.3 OBRIGATORIEDADE DA MOTIVAÇÃO DOS ATOS DE INTERVENÇÃO COMO INSTRUMENTO PARA PROMOÇÃO DO DESENVOLVIMENTO ECONÔMICO EQUILIBRADO........................67

5 CONSIDERAÇÕES FINAIS..71

REFERÊNCIAS..75

1
INTRODUÇÃO

O Direito Administrativo, como disciplina científica, almeja o equilíbrio entre as prerrogativas concedidas pela Constituição ao Estado para realizar o interesse público e os direitos dos administrados, garantidos por todo ordenamento jurídico (ARAÚJO, 2005, p. 2). Partindo-se do pressuposto de que todo tem o direito de conhecer os motivos que permitiram ao agente público decidir de determinada forma em determinado caso, embora este dever de motivar expressamente não se aplique a todos os tipos de ato, em nome da eficiência administrativa e de expressa previsão legal, este trabalho tem como objetivo identificar os elementos da motivação de uma decisão administrativa que a torna devidamente fundamentada.

Naturalmente, o destinatário de uma determinada decisão administrativa, bem como os órgãos de controle, são geralmente as pessoas que podem fazer o juízo de valor em relação os motivos apresentados pelo administrador, podendo considerar fundamentada ou não, determinada decisão. Assim, para que um ato seja considerado motivado, faz-se necessária a exposição de elementos para justificar sua expedição (ANDRADE, 1992, p. 226).

De toda sorte, esses requisitos a serem observados na motivação não são produzidos pelos destinatários, eles estão estabelecidos nos diplomas legais da esfera de poder que produziu o ato a ser controlado. A título de exemplo, na esfera federal, os parágrafos 1º ao 3º do art. 50, da Lei nº 9.784/99, estabelecem como requisitos essenciais da motivação dos tipos de atos elencados nos incisos do próprio artigo que a motivação deve ser "explícita, clara e congruente, podendo consistir em declaração de concordância com fundamento de anteriores pareceres, informações, decisões ou propostas, que, neste caso, serão partes integrantes do ato" (BRASIL, 1999, §1º, Art. 50).

Como também pela Lei de Introdução às Normas de Direito Brasileiro que foi reformada para contemplar normas de direito público com objetivo de elevar os níveis de segurança jurídica e eficiência na criação e aplicação. Sendo regulamentada pelo Decreto nº 9.830/2019, aprofundou os requisitos a serem observados na motivação das decisões em sentido lato, nas decisões tomada com base em valores jurídico abstratos e em decisões que decretam a invalidação de ato, contrato, ajuste, processo ou norma administrativa, para os vários níveis da Federação, nos diferentes Poderes e para os Órgãos autônomos de controle (Tribunais de contas e Ministérios Públicos) (SUNDFIELD, 2013. p. 277).

De modo que a temática envolvendo a motivação do ato administrativo e os requisitos para que seja considerada devidamente fundamentada voltaram ao plano de discussão entre os autores direitos, uma prova disso é a quantidade de livros recém-lançados tratando da reforma da LINDB, do consequencialismo, do controle da administração pública, entre outros.

Para tanto, inicialmente será tratado no presente livro da questão da necessidade de motivação no sistema jurídico brasileiro, desde a sua discussão no âmbito da Assembleia Nacional Constituinte, em que foi inicialmente prevista como requisito para validade do ato administrativos, quando o tratamento dispensado pelo Poder Legislativo na edição de normas que expressamente preveem este dever e os requisitos para que seja considerado válido. Além disso, os impactos da nova LINDB que amplia o rol dos atos em que se faz necessária a fundamentação expressa, como também traz novos requisitos para motivação.

Estabelecidas estas premissas a respeito da necessidade da fundamentação e seus requisitos, passa-se a analisar nos capítulos seguintes a questão das decisões administrativas automatizadas (robóticas) e o dever de motivação, visto que a edição do ato ocorre de forma autônoma, ou seja, sem a presente do agente público subscrevendo cada decisão. Além disso, será tratada a necessidade de motivação dos atos de intervenção indireta por indução no domínio econômico, uma vez que a necessidade de fundamentação destes atos é fundamental para promoção de um desenvolvimento econômico equilibrado.

2
MOTIVAÇÃO NO SISTEMA JURÍDICO BRASILEIRO

A noção de Estado de Direito, apropriando-se da concepção do Professor Almiro do Couto e Silva (2015, p. 19), pode ser apreciado sob dois aspectos, qual seja, o material e o formal. No aspecto material, segundo o professor, estruturam o Estado as ideias de justiça e segurança jurídica. Já no aspecto material, o Estado se compõe de diversos componente, dos quais destacam-se a existência de um sistema de garantias e direitos fundamentais, a divisão das funções do Estado, a legalidade da administração pública e a proteção à boa-fé.

Sendo os elementos de legalidade e boa-fé ligados diretamente a presunção de legalidade que tem os atos administrativos e a proteção ao administrado contra os arbítrios da administração. Nesse contexto, insere-se o "dever de decidir" como uma obrigação imposta ao administrador público no exercício das suas funções, de expor os fatos e fundamentos, o suporte fático para se aplicar a hipótese normativa prevista no documento legal, propiciando ao administrado, aos órgãos controladores e ao judiciário, exercer o controle desse ato administrativo.

Este dever, esta obrigação de fazer dotada de exigibilidade, deve possuir uma origem dogmática em que possa amparar suas premissas, é o que Tercio Sampaio Ferraz Júnior (2001. p. 92) chama de princípio da inegabilidade dos pontos de partida. Nesse sentido que a presente pesquisa se desenvolve, na busca das premissas que impõe a autoridade pública o dever de fundamentar suas decisões, tomadas no exercício da função administrativa.

Conforme ensina Celso Antônio Bandeira de Mello (2017, p.47):

> O Direito Administrativo nasce com o Estado de Direito, porque é o Direito que regula o comportamento da Administração. É ele que disciplina as relações entre Administração e administrados, e só poderia mesmo existir a partir do instante em que o Estado, como qualquer, estivesse enclausurado pela ordem jurídica e restrito a mover-se dentro do âmbito desse mesmo quadro normativo estabelecido genericamente.

Tradicionalmente, os autores do Direito Administrativo elevam o dever de fundamentar as decisões administrativas pelo Administração pública à sede de garantia constitucional prevista de maneira implícita ou até mesmo indireta por força do inciso "X" do art. 93 que determina a motivação dos atos administrativos editados pelo Poder Judiciário.

Não se discute, se o administrado tem direito de conhecer as razões quem motivam a autoridade da Administração pública para decidir, entende-se que a sociedade tem o direito de conhecer essas razões e que por isso, devem ser explicitadas, contudo não é dessa forma que o texto constitucional, em relação especificamente ao Administração pública, tratou a matéria, para os órgãos/entidades, integrantes da administração pública, que possuem suas competências desenhadas constitucionalmente.

A motivação dos atos administrativos do Executivo esteve presente expressamente na redação do projeto da constituição até a etapa que antecede a promulgação, sendo retirada por um conjunto de emendas apresentadas pelo "centrão" sem qualquer justificativa específica para sua remoção.

O fato de não constar no texto promulgado reflete o interesse do Poder Constituinte Originário em não o fazer com o fez em relação aos atos administrativos do Poder Judiciário, do mesmo modo segue o Poder Constituinte derivado reformador que por meio da Emenda Constitucional nº 19/98 incluiu no *caput* do art. 37 o princípio da eficiência, mantendo-se inerte quanto ao princípio da motivação.

É nesse sentido que o presente artigo se desenvolve, por meio da análise do processo de elaboração do texto constitucional e pesquisa bibliográfica sobre o tema, utilizando-se o método hipotético-dedutivo, como instrumento de análise para compreensão do objetivo geral, consistente da busca na Constituição do dever de fundamentar as decisões administrativas pelo Administração pública.

É importante ressaltar que este trabalho adotará o termo "fundamentação" como sinônimo "motivação", assim como os autores portugueses, a exemplo de José Carlos Vieira de Andrade (1992) e José Osvaldo Gomes (1981), ressaltando o entendimento do Professor Carlos Ari Sundfeld (1985, p.119) que considerada a expressão "motivação" inconveniente por ser comumente confundida com o motivo do ato, o que seria resolvido, de modo técnico, com a substituição da referida expressão por fundamentação ou justificação.

Para tanto, busca-se, enquanto objetivos específicos (i) analisar o modo como a motivação foi tratada pelo Poder Constituinte Originário; (ii) verificar se existe o dever de motivar as decisões administrativas pelas autoridades do Administração pública; (iii) o tratamento pela legislação infraconstitucional sobre o assunto, bem como recentes alterações na Lei de Introdução às Normas de Direito Brasileiro, por meio da Lei nº 13.655/2018.

2.1 DEVER DE FUNDAMENTAÇÃO NO CONTEXTO DA ASSEMBLEIA NACIONAL CONSTITUINTE

Por não se encontrar expressamente positivado na Constituição o dever de expor a fundamentação dos atos e decisões administrativas, pode-se imaturamente considerar que assim se encontra, pois, o constituinte originário deixou a cargo do poder legislativo dispor, por meio da legislação infraconstitucional, da motivação do ato administrativo, não o elevando a sede de garantia constitucional.

O que se verifica empiricamente na legislação atual é esse entendimento, mas no contexto da Assembleia Nacional Constituinte de 1987, as disposições que previam a motivação como princípio e como requisito de validade do ato administrativo foram incluídos e discutidas durante todo trabalho de elaboração do texto constitucional, sendo excluído apenas na etapa final antes da revisão ortográfica da redação final, como demonstra-se na sequência.

O processo de elaboração do texto constitucional de 1988 foi inaugurado com a instalação da Assembleia Nacional Constituinte em 01 de fevereiro de 1987, se desenvolvendo em 7 etapas que envolviam 25 fases distintas. Essas fases foram definidas como: (i) preliminar, para definição do regimento interno; (ii) subcomissões temáticas; (iii) comissões temáticas; (iv) comissão de sistematização; (v) plenário; (vi) comissão de redação e (vii) epílogo, onde se deu a promulgação.

De modo sintético, o processo de elaboração e discussão do texto teve início nas subcomissões temáticas, passando para às comissões cujo produto da discussão, o anteprojeto da constituição, foi entregue à comissão de sistematização que estruturou o projeto da constituição.

O então projeto foi para fase (v) do plenário, onde recebeu diversas emendas, tanto de parlamentares constituintes, quanto de populares. À medida que se alterava a redação após cada turno de discussão, o chamado Projeto "A" votado em 1º turno, logo é sucedido pelo Projeto "B" votado em 2º turno e consolidado no Projeto "C" encaminhado para comissão de redação e para posterior promulgação em 05 de outubro de 1988.

É importante detalhar essa linha de desenvolvimento para facilitar a compreensão do momento em que foi incluído e retirado do projeto as disposições que sedimentavam a exigência para o administrador público de motivar suficientemente seus atos administrativos como condição de validade.

Inicialmente, o anteprojeto apresentado pelas subcomissões às comissões temáticas não possuía capítulo que tratava especificamente da administração pública. Foi por meio da Emenda nº 300979-3 apresentada à comissão da administração pública pelo Senador Constituinte Fernando Henrique Cardoso, que se incluiu o capítulo "Da administração pública", a emenda contava com a seguinte redação:

> Inclua-se o Capítulo: "Da administração pública", com os seguintes artigos:
> Art. – A motivação suficiente é requisito de validade de quaisquer atos da administração direta ou indireta.
> Art. – A razoabilidade é requisito de legitimidade dos atos praticados no exercício de discrição administrativa.
> Art. – O administrado tem direito a publicidade e transparência dos atos da administração que estão sujeitos aos deveres de neutralidade, imparcialidade, lealdade e boa fé.
> Art. – A outorga de concessões, autorizações, permissões, licenças ou privilégios econômicos de qualquer natureza a entidade privada, por parte do Poder Público, será sempre instituída por processo público, com a audiência de todas as partes direta ou indiretamente interessada. (BRASIL, 1987, p. 277).

Destaca-se que desde o início da estruturação do capítulo "Da administração pública" havia a presença do conceito de motivação como requisito de validade de qualquer ato administrativo e a razoabilidade como condição de legalidade. Ainda dentro das comissões temáticas, o senador propõe nova emenda a Emenda nº 3S0679-7 ao anteprojeto substitutivo apresentado pelo relator acrescentando os seguintes itens a redação já apresentada:

> [...]
> Art. – A Administração Pública será organizada com obediência aos princípios da legalidade e da moralidade e atuará em estrito respeito aos direitos dos cidadãos.
> [...]
> Art. – Nenhum ato da Administração imporá limitações, restrições ou constrangimentos mais intensos ou mais extensos que os indispensáveis para atender à finalidade legal a que deva servir.
> [...] (BRASIL, 1987, p.180).

Os acréscimos desses itens sedimentam o conceito de motivação não como princípio, mas imposição ao administrador que uma vez não observada importaria a invalidade do ato. Essa redação foi sedimentada no projeto da constituição elaborado pela comissão de sistematização dentro do Título IV "Da organização do Estado", no Capítulo VIII "Da administração pública" nos artigos 77 a 81, no que interessa a análise, o texto do artigo 77:

> Art. 77 – A administração pública organizar-se-á com obediência aos princípios da legalidade e da moralidade, respeitados os direitos dos cidadãos e exigindo-se:
> I – Motivação suficiente como condição de validade dos atos; e
> II – Razoabilidade como requisito de legitimidade dos atos praticados no exercício de discrição administrativa.
> Parágrafo único - A lei instituirá o processo de atendimento, pelas autoridades, das reclamações da

comunidade sobre a prestação do serviço público, e as cominações cabíveis.
[...] (BRASIL, 1987, p.15)

Ainda na fase (iv) da comissão de sistematização o projeto foi aberto para emendas de plenário e populares, dentre as propostas de alteração apresentadas, uma atacou diretamente a redação que dispõe sobre a motivação. A Emenda nº 1P07691-9 de autoria do constituinte Deputado Federal Caio Pompeu de Toledo propôs em plenário a supressão do inciso I, a motivação suficiente como condição de validade dos atos, do artigo 77, do Capítulo VIII, da Administração pública com a seguinte justificativa:

> Diz o inciso, cuja supressão ora se pede, que a motivação suficiente é requisito de validade de qualquer ato da administração direta e indireta. A locução "motivação suficiente" é muito vaga e subjetiva. O que constitui "motivação suficiente" para um, não o será para outro. A validade de quaisquer atos da administração direta ou indireta deverá ter supedâneo mais objetivo e claro. Assim, com a redação como se encontra, o inciso se torna inócuo e vago. (BRASIL, 1987, p. 67).

Por meio de Parecer, o relator acatou o pedido de supressão reforçando os argumentos apresentados pelo parlamentar nos seguintes termos:

> A supressão do inciso I, do art 77, do Projeto de Constituição em exame é suficientemente justificada pelo autor da emenda, razão pela qual somos pela sua aprovação. De fato "motivação suficiente", é conceito subjetivo sujeito a interpretações variadas. (BRASIL, 1987, p. 228).

Embora o parecer do relator seja no sentido da exclusão da redação "motivação suficiente", na fase seguinte de plenário, na redação do Projeto "A" apresentada para discussão no primeiro turno foi mantida a expressão "motivação suficiente" no caput do art. 44, com a redação já modificada, a saber:

> Art. 44. A administração pública, direta ou indireta, de qualquer dos Poderes obedecerá aos princípios da legalidade, impessoalidade, moralidade e publicidade, exigindo-se, como condição de validade dos atos administrativos, a motivação suficiente e, como requisito de sua legitimidade, a razoabilidade. (BRASIL, 1987, p. 25) (destaque nosso)

Ficando clara a intenção do constituinte em sedimentar a motivação, não como princípio, mas como condição de validade para todos os atos administrativos.

Por meio da Emenda nº 2P02039-9 (1987, p.9), subscrita por 303 parlamentares constituintes que formavam o agrupamento suprapartidário conhecido como "Centrão", que foi retirado do caput do art. 44 do Projeto "A" a exigência da motivação suficiente como condição de validade dos atos administrativos e as disposições sobre a razoabilidade como requisito de legitimidade. Foi, portanto, na fase de Plenário que o caput do art. 44 foi recortado passando a atual redação que contém o art. 37 da Constituição promulgada. Como bem expressou o professor Florivaldo Dutra de Araújo (2005, p.174):

> Falou mais alto, contudo, a tradição autoritária brasileira, vindo a ser excluído o dever de motivação, quando votado, em primeiro turno, no Plenário da Assembleia, o Projeto da Comissão de Sistematização. E assim ficou no texto definitivo da Constituição. O art. 37, em seu caput, que resultou do Projeto inicial, afirma apenas obediência aos princípios da legalidade,

impessoalidade, moralidade e publicidade, ficando sem expressa previsão a razoabilidade e a motivação.

Assim, retirou-se da sede constitucional o dever de fundamentar os atos ou decisões administrativas, transferindo-as para o poder legislativo a competência para positivar esse comando no âmbito da Administração Pública. O que não ocorreu em relação ao poder judiciário, em que suas decisões tomadas no exercício da função administrativa devem ser motivadas, por força do inciso "X" do art. 93.

Desse modo, até a publicação da Lei que "regula o processo administrativo no âmbito da Administração Pública Federal", a concepção da motivação como princípio que regia a atuação da autoridade pública foi obtida de maneira implícita pela conjunção dos princípios do Estado de Direito, especificamente pelo regime jurídico-administrativo, alicerçado na supremacia do interesse público sobre o privado e pela indisponibilidade do interesse público, como será demonstrado no capítulo seguinte.

2.2 MOTIVAÇÃO DAS DECISÕES ADMINISTRATIVAS NA CONSTITUIÇÃO DE 1988

Como ficou demonstrado anteriormente, os representantes do povo brasileiro, reunidos em Assembleia Nacional Constituinte, decidiram na etapa final do processo constituinte excluir as disposições que sedimentavam, em sede constitucional, o dever de motivar o ato administrativo como requisito de validade.

Até a publicação da Lei de Processo Administrativo no âmbito da Administração Pública Federal em 29 de janeiro de 1999, o entendimento aplicado quanto a exigibilidade de fundamentação das decisões administrativas se baseava exclusivamente no campo doutrinário.

A doutrina divide-se quanto a obrigatoriedade de fundamentação das decisões como dever oriundo da Carta Magna. Uma primeira corrente, essa minoritária, entende que não há obrigatoriedade do administrador em motivar, pois a Carta Magna não impõe diretamente esse dever no âmbito do Administração pública, apenas para o judiciário quando eventualmente exercer a função administrativa por força da regra do art. 93. Até porque a função administrativa e a função jurisdicional não se confundem, nas palavras de Oswaldo Aranha Bandeira de Mello (1969, p. 175):

> Assim, impõe-se distinguir de um lado o ordenamento da atividade do Estado, na consecução de seu fim próprio de criar utilidade pública, de modo direito e imediato, e de outro o ordenamento jurídico do Estado na consecução de seu fim próprio de dizer o direito das partes em controvérsias, de modo indireto, embora imediato. Lá se tem o Direito Administrativo e aqui o Direito Judiciário.

Uma segunda corrente, essa majoritária, entende que o dever de fundamentar é obrigação da autoridade pública, sendo um princípio implícito da Administração Pública amparado na disposição de que "todo poder emana do povo[...]" do parágrafo único do artigo primeiro, tendo a Constituição concedido poder à Administração, seu exercício é destinado para satisfazer o interesse do povo, sendo a motivação meio dar satisfação a quem lhe outorgou poder, sendo também instrumento que permite o controle da administração pelos outros poderes, pois se não houver o conhecimento dos fundamentos que respaldaram a prática do ato, esse controle fica prejudicado. Nesse sentido, os ensinamentos do professor Bruno Aurélio (2011, p. 71), sintetizam esse entendimento:

> O dever de motivar aplicado aos atos administrativos, derivando diretamente do texto constitucional, tem raiz nos fundamentos de constituição do Estado Democrático de Direito. O controle da atuação estatal está diretamente vinculado às informações que os administrados detêm sobre as atividades executadas.

Por via oblíqua, essa corrente também considera como fundamento implícito do dever de motivação os atos a disposição do inciso "X" do Art. 93 da Constituição que determina a motivação dos atos administrativos dos tribunais, pois se o poder judiciário ao exercer de modo atípico a função executiva deve motivar, por qual motivo o poder executivo que o exerce tipicamente não haveria de fundamentar suas decisões. Nesse sentido questiona a Professora Lúcia Valle Figueiredo (2004, p. 53), "ora, se, quando o Judiciário exerce função atípica – a administrativa – deve motivar, como conceber que esteja o administrador desobrigado da mesma conduta?". Nesse sentido, lecionam os professores Juarez Freitas (1997, p. 140-141), Rita Tourinho (2004, p. 117).

O presente trabalho filia-se ao posicionamento adotado pela corrente minoritária, no sentido de que a ausência expressa do dever de fundamente no corpo do texto constitucional se deu por deliberação da vontade do parlamento constituinte, conforme demonstrado no capítulo anterior. Dessa forma, para os órgãos/ entidades da administração pública cuja competência foi atribuída constitucionalmente, tais como o Ministério Público, a Advocacia-Geral da União, a Defensoria Pública e o Tribunal de Contas, quando do exercício da função administrativa, a essas não há o dever de motivar suas decisões. As demais, por força da Lei de processo administrativo no âmbito da Administração Pública Federal, desenhada pelo legislador ordinário, esse dever existe nos termos e nos limites, por ela delineados.

Assim, embora estes órgãos/entidades de competência constitucional não tenha o dever de fundamentar suas decisões, por ausência de previsão constitucional dessa obrigação, isso não impede o administrado de requerer à exposição das razões de fato e de direito que justificaram a edição do ato. Nesse sentido, destaca-se o posicionamento do Professor Vladimir da Rocha França (2007, p.94-95):

> Entendemos que, independentemente do conteúdo do ato normativo, qualquer cidadão tem o direito de requerer à Administração a exposição das razões de fato e de direito que justificaram sua emissão, ou, pelo menos, o acesso aos autos do procedimento administrativo que o precedeu. Caso haja recusa da Administração, é perfeitamente viável ao requerente pedir um provimento jurisdicional que determine a efetivação de um desses pedidos. A cidadania e a inexistência de qualquer constrangimento para a eficiência administrativa com o atendimento desses pleitos fornecem-nos um forte alicerce para esse entendimento. Sem se olvidar, evidentemente, o direito à informação consagrado no art. 5°, XXXIII, da Constituição Federal.

Além disso, a garantia fundamental da inafastabilidade do controle jurisdicional pelo poder judiciário revisto no inciso XXXV, art. 5° da Constituição, podendo o judiciário exigir do administrador apresente os motivos de fundamentaram tal decisão objeto do conflito apresentado. Afinal, os motivos de um ato, seja ele discricionário ou vinculado, sempre haverá de existir, já o dever de expor essa fundamentação como requisito formal, é facultado pela constituição para aqueles que possuem suas competências sedimentadas no texto maior, conforme foi demonstrado durante os trabalhos da constituinte, no capítulo 2.

2.3 TRATAMENTO INFRACONSTITUCIONAL DO DEVER DE FUNDAMENTAR

A Constituição conferiu poderes à Administração para concretização dos objetivos nela previstos. Esse poder deve ser exercido em nome e com objetivo de satisfazer o interesse público. A legitimidade do interesse depende da sua adequação à finalidade a ser alcançada, desse modo, a motivação permite o controle interno e externo dos objetivos alcançados pela Administração Pública.

Dessa forma, partindo-se da premissa de que, para se prevenir o arbítrio estatal deve-se exigir da autoridade pública o dever de motivar suas decisões administrativas, foi incluído dentro da Lei nº 9.784, de 29 de janeiro de 1999 que "regula o processo administrativo no âmbito da Administração Pública Federal", deu expressão, no âmbito infraconstitucional, a motivação, ao dever de fundamentar o ato administrativo, como princípio e como dever para determinados atos.

Oriunda do Projeto de Lei nº 2.464 de 1996, elaborada por comissão de juristas coordenada pelo Professor Caio Tácito, a lei de processo administrativo federal apresentou como justificativa para positivar a motivação dos atos administrativos, a sua utilização como elemento para se verificar a finalidade da competência e a condução pelos postulados da proporcionalidade e razoabilidade, veja-se:

> A conduta da Administração deve pautar-se necessariamente pela finalidade da competência e conduzir sua atuação pelos postulados correlatos da proporcionalidade e razoabilidade. O diagnóstico da presença de tais elementos repousa na motivação dos atos administrativos, moldados pelo interesse público e visando à segurança jurídica na prestação dos serviços públicos. (destaque nosso) (BRASIL, 1996, p. 22).

A Lei de processo administrativo federal previu expressamente a motivação como princípio de observância obrigatória pela administração, como também um dever para determinados atos, por ela elencados no art. 50, são estes:

> I – neguem, limitem ou afetem direitos ou interesses;
> II – imponham ou agravem deveres, encargos ou sanções;
> III – decidam processos administrativos de concurso ou seleção pública;
> IV – dispensem ou declarem a inexigibilidade de processo licitatório;
> V – decidam recursos administrativos;
> VI – decorram de reexame de ofício;
> VII – deixem de aplicar jurisprudência firmada sobre a questão ou discrepem de pareceres, laudos, propostas e relatórios oficiais;
> VIII – importem anulação, revogação, suspensão ou convalidação de ato administrativo.

Fica clara que a opção feita pelo legislador ordinário em selecionar apenas determinados atos, por seus efeitos, para exigir que seja apresentado o suporte fático e jurídico que atraiu a aplicação hipótese normativa. Essa opção, dentre outras hipóteses, utilizando-se o método lógico-dedutivo, poder aferir que se deu em nome da preservação do princípio da eficiência.

Florivaldo Dutra de Araújo (2005, p.178), destaca que:

> como os órgãos da Administração Pública emitem cotidianamente elevado número de decisões, se tivessem seus atos de apresentar, em casos da mesma natureza, motivações específicas para cada um, criar-se-ia obstáculos muitas vezes intransponível à atuação eficiente.

Pois, se todos os atos, em todos os processos administrativos, tivessem que ser motivados, a administração necessitaria de mais tempo e mais servidores para garantir a observância de todos os procedimentos em todos os casos, o que certamente aumentaria, ainda mais, o tempo de espera do administrado, sacrificando, portanto, o princípio da eficiência. Muito embora, como assevera o professor Juarez Freitas (2013, p. 91), "a era da motivação, na vida real, longe está de consolidada".

Assim, em nome da eficiência administrativa, essa obrigação foi imposta apenas para determinados atos dos quais os efeitos estão elencados no rol do art. 50 da lei de processo administrativo federal. Essa motivação deveria seguir os requisitos gerais estabelecidos pelos parágrafos do referido artigo, qual seja:

> § 1º A motivação deve ser explícita, clara e congruente, podendo consistir em declaração de concordância com fundamentos de anteriores pareceres, informações, decisões ou propostas, que, neste caso, serão parte integrante do ato.
> § 2º Na solução de vários assuntos da mesma natureza, pode ser utilizado meio mecânico que reproduza os fundamentos das decisões, desde que não prejudique direito ou garantia dos interessados.
> § 3º A motivação das decisões de órgãos colegiados e comissões ou de decisões orais constará da respectiva ata ou de termo escrito.

Esse critério para estrutura a motivação permaneceu até a alteração da Lei de Introdução às Normas de Direito Brasileiro, por meio da Lei nº 13.655/2018. Sob a justificativa de elevar os níveis de segurança jurídica e de eficiência na criação e aplicação do direito público, foi proposto o Projeto de Lei do Senado nº 349, de 2015, elaborado com base no projeto desenvolvido pela Sociedade Brasileiro de Direito Público com a Escola de Direito de São Paulo da Fundação Getúlio Vargas, titularizados pelos Professores Carlos Ari Sundfeld e Floriano de Azevedo Marques Neto.

O "diagnóstico" feito pelos professores no projeto foi de que "quanto mais se avança na produção de normas disciplinadoras da ação da Administração, mais se aprofunda a precarização da segurança jurídica" (SUNDFELD, 2013, p. 278). Assim, nesse cenário de incertezas experimentado pela autoridade pública, do aumento do controle e da insegurança quanto as decisões jurídicas de seus atos, criou-se o que foi denominado como Administração Pública "do medo", segundo Fabrício Motta (2019, p. 24):

> Para a situação em que, diante da proliferação de oportunidades de responsabilização do administrador, este começa a ficar com receio de manejar com segurança as oportunidades de agir, em virtude da possibilidade de lhe imputar uma responsabilidade e de ser condenado, mesmo quando agiu da melhor forma ante os obstáculos e do contexto da realidade enfrentado.

Nesse contexto que foi proposta a alteração no Decreto-Lei nº 4.657/42, a lei de introdução às normas de direito brasileiro, por meio da Lei nº 13.655/2018, com a inserção dos art. 20 a 30, contendo de mecanismos que permitissem assegurar a previsibilidade e, consequentemente, os parâmetros a serem observados no controle das decisões administrativas, tanto pelas esferas de controle quanto pelo judiciário. O que posteriormente foi regulamentado pelo Decreto nº 9.830/19, detalhando o conteúdo desses instrumentos.

Especificamente quanto às disposições para diminuir a indeterminação na concretização dos efeitos da norma pela autoridade pública, baseando-se no primado da realidade, destaca-se a adoção da imposição do dever de motivar as decisões tomadas com base em valores jurídicos abstratos e aquelas que decretem a invalidade de ato, contrato, ajuste, processo ou norma administrativa. Nesse sentido destaca Sunfeld:

> É possível combater a tendência à superficialidade na formação do juízo sobre questões jurídico-públicas pela adoção do paradigma de que as autoridades não podem tomar decisões desconectadas do mundo real; de que elas têm o dever de medir as consequências, de considerar alternativas, de analisar a necessidade e a adequação das soluções cogitadas, de pesar os obstáculos e circunstâncias da vida prática etc. (SUNFELD, 2013, p. 279).

Dessa forma, esperava-se, como efeito natural do estabelecimento de parâmetros para motivação dessas decisões inseridas na Lei de Introdução às Normas de Direito Brasileiro, por meio da Lei nº 13.655/2018, o aumento do respeito, uma postura mais restritiva por parte dos controladores, das decisões tomadas pela autoridade pública diante da discricionaridade existente no caso concreto, indicando de modo expresso suas consequências jurídicos administrativas inclusive em face das possíveis alternativas, evitando-se, assim, que as decisões legítimas tomadas pela autoridade tenha seus critérios posteriormente substituídos por vontade do controlador, proporcionando a *self-restraint* ou autocontenção judicial diante do mérito do ato administrativo.

No âmbito da legislação Estadual, destaca-se a Constituição do Estado de Minas Gerais, de 1989, ao elevar a decisão motivada a categoria de garantia fundamental, em seu §4º, do art. 4º, "Nos processos administrativos, qualquer que seja o objeto e o procedimento, observarse-ão, entre outros requisitos de validade, a publicidade, o contraditório, a defesa ampla e o despacho ou a decisão motivados". Além de impor a Administração Pública o dever de motivar e os requisitos a serem observados pelo agente público, no §2º do art. 13 "O agente público motivará o ato administrativo que praticar, explicitando-lhe o fundamento legal, o fático e a finalidade".

Além disso, a motivação como princípio a ser obedecido pela administração pública estadual, direta e indireta foi previsto expressamente apenas nas Constituições do Estado de São Paulo e do Espírito Santo, ambas de 1989.

2.4 REFORMA DA LEI DE INTRODUÇÃO ÀS NORMAS DO DIREITO BRASILEIRO

A reforma da Lei de Introdução às Normas de Direito Brasileiro promovida pela Lei nº 13.655, de 25 de abril de 2018, introduziu os artigos 20 a 30 com disposições sobre segurança jurídica e eficiência na criação e aplicação do direito público. No que interesse ao presente estudo, será objeto de análise os artigos 20 e 21 que tratam da decisão administrativa e de sua motivação.

O primeiro artigo introduzido pela reforma trata das decisões baseadas em valores jurídicos abstratos. É imposto a autoridade pública que decidir fundamentando seu argumento em algum valor jurídico abstrato que considere expressamente no ato quais consequências práticas pretendem alcançar com a referida medida. A autoridade em questão não se refere apenas a esfera administrativa, mas também a controladora e a judicial, que deverá expor os motivos que se relacionem diretamente a "necessidade e a adequação da medida imposta ou da invalidação de ato, contrato, ajuste, processo ou norma administrativa, inclusive em face das possíveis alternativas", conforme a redação do parágrafo único do art. 20, do Decreto-Lei nº 4.657/42.

O artigo seguinte trata da motivação das decisões de invalidação de ato, contrato, ajuste, processo ou norma administrativa.

Nesses casos, as esferas administrativa, controladora ou judicial devem motivar com elementos relacionados as consequências jurídicas e administrativas da solução encontrada, indicando "as condições para que a regularização ocorra de modo proporcional e equânime e sem prejuízo aos interesses gerais, não se podendo impor aos sujeitos atingidos ônus ou perdas que, em função das peculiaridades do caso, sejam anormais ou excessivos", conforme o parágrafo único do art. 21.

Essa é a dicção legal da reforma promovida na LINDB, recentemente, e, 10 de junho de 2019, foi publicado o Decreto nº 9.830 que regulamenta do art. 20 ao art. 30, especificamente quanto a decisão administrativa e sua motivação, há as seguintes categorias divididas entre os art. 2 ao 4: motivação e decisão; motivação e decisão baseada em valores jurídicos abstratos e motivação e decisão de invalidação.

Quando aos requisitos da motivação para as decisões que não são tomadas tendo como base valores jurídicos abstratos e nem são decisões de invalidação, ou seja, decisões em sentido *lato*, a motivação deverá conter: (i) a contextualização dos fatos; (ii) a indicação dos fundamentos de méritos; (iii) a indicação dos fundamentos jurídicos, especificando a norma utilizada, a interpretação, a jurisprudência e a doutrina e a (iv) congruência entre os fundamentos de mérito e o jurídico. Conforme se extrai do art. 2º do Decreto de regulamentação.

Já no que toca as decisões baseadas em valores jurídicos abstrato, ou seja, aqueles com alto grau de indeterminação e abstração, a motivação, além dos requisitos das decisões em sentido *lato*, deverá apresentar expressamente as consequências práticas da decisão, ou seja, aquela consequência que o administrador médio, no exercício diligente de sua atuação, consiga prever diante da captura da realidade fática e sua subsunção a norma utilizada como motivo. Devendo ainda demonstrar a "necessidade e a adequação da medida imposta, inclusive consideradas as possíveis alternativas e observados os critérios de adequação, proporcionalidade e de razoabilidade", conforme o §3º, do art. 3º do referido Decreto.

A questão da consequencialismo da decisão administrativa, da decisão de controle e da decisão judicial para combater determinadas posturas ativistas destas esferas que devem agora considerar e prever expressamente no ato o horizonte de eventos possíveis alcançados com a edição do ato diante da solução selecionada. Essa atividade de ponderação concretizada pela via da proporcionalidade é traduzida pelo Professor Ricardo Marcondes Martins, da seguinte forma:

> a) se o vício, de início, exigia ou não a correção, vale dizer, se o ato era inválido ou irregular; b) sendo inválido, se o ato se converteu num ato irregular, ou seja, se houve a estabilização do vício, de modo que não se exige mais a correção; c) caso o ato seja inválido e o vício não se estabilizou, se o direito exige ou faculta a redução ou reforma, a conversão, a convalidação ou a invalidação; d) caso exija a invalidação, se ela será retroativa, até o momento da introdução do ato ou até um momento posterior à introdução, irretroativa, valendo apenas a partir da data da decisão sobre a correção, ou pro futuro, a partir de uma data posterior à decisão; e) caso exija a invalidação, se o direito exige ou faculta a edição de outro ato com conteúdo igual, parcialmente igual ou diferente do ato invalidado. Perceba-se que só a ponderação das circunstâncias fáticas ou jurídicas indicará, de modo definitivo, a solução exigida ou facultada. Em tese, é tanto possível que a ponderação indique apenas um resultado como admissível, configurando-se uma competência vinculada, ou indique duas ou mais soluções como admissíveis, imputando a escolha ao agente competente, configurando-se uma competência discricionária. (MARTINS, 2020, p. 275).

Esse considerável aumento na complexidade da motivação dos atos decisórios *lato sensu* para os atos decisórios baseado em valores jurídicos abstratos, em nome da promoção da segurança jurídica, certamente irá causa, em certa medida, o sacrifício da eficiência na Administração pública, que no cotidiano já é naturalmente morosa, devendo o administrador cumprir todos os requisitos para se livrar do controle, o tempo médio para se motivar esse tipo de ato deverá ser bastante elevado.

O último ponto do regulamento quanto a motivação e decisão, diz respeito as decisões que decretam a invalidação de atos, contratos, ajustes, processos ou normas administrativos, assim como nas decisões baseadas em valores jurídicos abstratos, deve levar em consideração as consequências práticas e jurídicas, além da necessidade e adequação da solução proposta. O que diferenciam os requisitos da motivação de ambas é a necessidade, quando cabível na decisão de anulação, de indicar a modulação dos seus efeitos, as condições para que a regularização ocorra de forma proporcional e equânime e sem prejuízo aos interesses gerais, podendo o administrador: (i) restringir seus efeitos e (ii) escolher o termo inicial de sua eficácia. Com a finalidade de mitigar os possíveis prejuízos, consequentes da solução adotada, para o administrado ou a administração pública que sejam anormais ou excessivos em função das peculiaridades do caso.

Essa intensificação nos requisitos da motivação demonstra que não são apenas os requisitos da Lei nº 9.784/99 que devem ser observados pelo gestor público no momento de sua decisão. Exige-se uma motivação concreta, adequada, proporcional, razoável para que assim o controlador, quando da sua análise posterior, pondere quanto a invalidação do ato, sua convalidação, modulação de efeitos, proporcionando assim maior segurança jurídica para a autoridade pública e para o administrado.

O problema aventado por alguns doutrinadores em relação a alteração da Lei de Introdução refere-se ao seu posicionamento dentro da pirâmide normativa do ordenamento jurídico brasileiro, editada em 1942 como Decreto-Lei e recepcionada com *status* de Lei ordinária, as obrigações introduzidas que intensificam os requisitos da motivação e pretendem vincular as esferas administrativa, controladora e judicial, na prática, podem ter sua exigibilidade dispensada por àqueles que possuem suas competências constitucionalmente prevista. Uma vez que uma lei ordinária não pode superar uma ordem constitucional. Como exemplo, temos os órgãos controladores, Tribunais de Contas em que a competência deriva dos art. 70, *caput* e parágrafo único, art. 71, inciso "I" ao "XI" e do art. 75 e dos Ministérios Públicos, do art. 127 ao 130, todos da Constituição Federal.

2.5 REQUISITOS PARA SE CONSIDERAR UMA DECISÃO ADMINISTRATIVA FUNDAMENTADA

Naturalmente, o juízo de valor feito sobre a fundamentação da decisão administrativa importa imediatamente ao destinatário dessa decisão e mediatamente aos entes de controle, interno ou externo, que em sua atividade vai verificar a validade do ato.

Uma decisão administrativa tomada como ato vinculado pode ser considerada fundamentada quando expõe os elementos da realidade que serviram de base para que o administrador interpretasse ao comando legal predeterminado, assim a veracidade alegada e a legitimidade serão os elementos objetos de análise da esfera controladora. Assim, explica Oswaldo Aranha Bandeira de Mello:

> O motivo, como elemento que atua sobre a vontade do agente para provocar o ato administrativo, pode estar expresso em lei, e o agente se acha vinculado à

> sua determinação, ou seja, na obrigação de manifestar à vontade, seja no modo preciso e único de levá-la a efeito segundo imposição legal; (BANDEIRA DE MELLO, 2010, p. 533).

O problema está nas decisões discricionárias, aquelas em que não há expressamente um comando legal que determine sua motivação, e, portanto, não há elementos predefinidos que possam ser objetivamente analisados. Conforme a teoria dos motivos determinantes, é certo que se o ato discricionário expuser o suporte fático e os elementos de direitos, estes integrarão a validade do ato, mesmo que a lei assim não determine.

Por exemplo, imagina-se um ato de exoneração ad nutum de um cargo de direção, de livre nomeação e livre exoneração em que a entidade tenha, na edição da portaria de exoneração, expressado que o motivo que ensejou tal ato se deu em face a determinada circunstância, e que posteriormente prove-se que essa circunstância inexistiu, nesse caso será possível a edição de um novo ato anulando o anterior por vício na motivação, mesmo que seja um ato emitido dentro da esfera da discricionariedade administrativa.

Assim, pode-se afirmar que um ato administrativo se encontra motivado quando nele se encontra exposto seus motivos (FRANÇA, 2017). Noutro giro, que uma decisão administrativa, encontra-se fundamentada quando nela estão expressamente presentes, integrando assim sua validade, os pressupostos de fato e de direito que suportam o ato e o torna sindicável e controlável por seus destinatários e controladores.

Desse modo, como requisitos legais da motivação, pode-se considerar a congruência, a exatidão, a suficiência e a clareza dos fatos e fundamentos alegados pela autoridade em comparação com a realidade fática e o ordenamento jurídico contemporâneo a edição do ato (ARAÚJO, 2005). O que está em consonância com a literalidade da redação do §1º, do art. 50, da Lei nº 9.784/99, o que já foi tratado no item anterior no tocante a reforma da Lei de Introdução às Normas de Direito Brasileiro e o seu Decreto de regulamentação que aprofundam a exigência da motivação para as decisões em sentido *lato,* as tomadas com base em valores jurídicos abstratos e as que decretam a invalidação de atos, contratos, ajustes, processos ou normas administrativos.

Para ilustrar com um exemplo, imagine que determinada empresa contratada por meio de processo licitatório deixe de entregar os materiais aos quais se comprometeu na assinatura do contrato. Após o devido processo administrativo, ampla defesa e contraditório, os argumentos apresentados pela empresa não são aptos a afastar o dever da administração de aplicar a penalidade.

Nessa situação, a autoridade para decidir fundamentadamente, deve fundamentar seu ato de aplicação da penalidade observando a infração tipificada no ato normativo, a ocorrida no caso concreto, levando em consideração os argumentos apresentados pela empresa, de modo suficiente e claro para que os destinatários do ato possam compreender e exercer o controle sobre ele. Dessa forma, não cumpre os requisitos a exposição superficial e vaga dos pressupostos que ensejaram a elaboração do ato. Nessa linha, Agustín Gordillo:

> Não cumpre os requisitos de uma motivação válida qualquer frase ou conjunto de frases sem compromisso ou de *clichês* referindo empolada ou vagamente o interesse público, as necessidade do serviço, a boa ordem da comunidade, o bem comum, ou as normas aplicáveis; nem, tampouco, uma explicação nebulosa, ininteligível etc. Mas sempre a jurisprudência entende assim, o que constitui uma falha de compromisso profundo com o Estado de Direito, uma distorcida e sem hierarquia falta de autopercepção de sua atribuição no sistema de freios e contrapesos. (GORDILLO, 2003, p. x-17).

Portanto, a motivação deve ser adequada e composta por elementos proposicionais na adaptação do Professor Vladimir da Rocha França aos ensinamentos do Professor Celso Antônio Bandeira de Mello:

> (i) o fato jurídico administrativo, o enunciado que se refere a um evento jurídico administrativo previamente tipificado pela lei ou qualificado como relevante pela autoridade administrativa; (ii) a exposição das normas jurídicas que orientam a autoridade administrativa na expedição do ato administrativo; (iii) a comprovação da incidência das normas jurídicas mencionadas pela autoridade administrativa como lastro de validade para o ato administrativo; bem como (iv) a manifestação da causa, ou seja, da relação de razoabilidade e de proporcionalidade que deve haver entre o motivo do ato e seu conteúdo, diante da finalidade, tratando-se de atos administrativos portadores de mérito. (FRANÇA, 2007, p. 97).

Sendo esses os requisitos considerados pela doutrina para considerar fundamentada uma decisão administrativa, destinada a proporcionar ao administrado o conhecimento das razões de fato e de direito, tornado possível questionar sua finalidade, proporcionalidade, razoabilidade e legalidade (AURÉLIO, 2011, p. 74).

3
DECISÕES ADMINISTRATIVAS ROBÓTICAS E O DEVER DE MOTIVAÇÃO

As decisões automatizadas já fazem parte do cotidiano da população brasileira, a necessidade de respostas rápidas no mundo informatizado otimiza a elaboração de robôs capazes de, com base no conjunto de dados captados, elaborar respostas pré-definidas de acordo com o perfil traçado para resolver determinados problemas.

Essa mudança de paradigma do analógico para o digital, pelo menos no âmbito legislativo, é recente. Em 2014, com a edição da Lei nº 12.965, de 23 de abril que estabelece princípios, garantias, direitos e deveres para o uso da Internet no Brasil, posteriormente em 2018, com a Lei Geral de Proteção de Dados Pessoais.

A qualidade dos serviços públicos ofertados em nosso país, sempre foi alvo de denúncias e reclamações sobre o excesso de procedimentos analógicos, burocráticos e ineficientes, à margem das novas tecnologias. Nesse contexto foi editada a chamada Lei de Eficiência Pública, que cria regras e instrumentos para melhorar a eficiência e a efetividade dos serviços públicos inaugurando um "Governo Digital", foi a Lei nº 14.129, de 29 de março de 2021, especialmente por meio da desburocratização, da inovação, da transformação digital e da participação do cidadão.

A utilização da inteligência artificial em decisões automatizadas vem desde a publicação da LGPD, intensificando-se recentemente, principalmente para análise e concessão de benefícios assistenciais, aproveitando-se principalmente, de aplicativos para dispositivos móveis, criados pelo Governo Federal para esse fim. Esse novo modo com que o Estado e o administrado/cidadão se relacionam, marca o novo momento vivido, o da Administração Pública Digital.

Cabe, de início, apontar a diferença entre assistência e inteligência artificial. Sendo a IA corresponde a um conjunto de algoritmos que, diante dos dados que são apresentados, conseguem aprender-se dessa dinâmica de dados, utilizando a aprendizagem máquina, *machine learning*, e oferecer soluções independente da intervenção humana, para determinados problemas. Ou seja, a decisão é elaborada pela própria máquina, de modo que nem o próprio programador consegue prever, diante do caso concreto, qual resposta será apresentada pela máquina.

E é isso que a difere da assistência artificial. Nas decisões assistidas, não há aprendizagem, apenas sugestões baseadas nos dados inseridos pelo usuário, sugestões essas colhidas de um banco de dados previamente catalogado. Assim, nessas decisões, é o gestor quem realmente decide.

O objetivo deste artigo é investigar se a decisão administrativa robótica, ou seja, a manifestação de vontade da Administração, diante do caso concreto, emitida com base tratamento automatizado de dados, sem interferência humana, se nessas situações, tem o Estado o deve fundamentar.

Sabe-se que o princípio da motivação expresso no inciso X do art. 93 da Constituição Federal não é suficiente para exigir que o Poder Executivo tenha que justificar todos os seus atos. No âmbito infraconstitucional, por meio da a Lei de Processo Administrativo Federal, Lei nº 9.784/99, o princípio da motivação foi expresso como dever e no rol do seu art. 50 foi prevista as hipóteses em que a motivação integra o ato administração como um dos requisitos para sua validade.

O que se destaca no presente estudo é a redação do § 2º do art. 50 da Lei nº 9.784/99, que autoriza a automatização dos fundamentos das decisões, desde que não prejudique direito ou garantia dos interessados, possibilitando assim a edição de atos administrativos robóticos.

Merece destaque também a Lei Geral de Proteção de Dados Pessoais, Lei nº 13.709/18, em especial seu art. 20 que prevê a possibilidade de revisão, de explicação das decisões tomadas unicamente com base em tratamento automatizado de dados pessoais que afetem os interesses dos administrados.

O direito a aplicabilidade efetiva da decisão algoritmia é uma garantia que decorre diretamente da interpretação combinada dos artigos dessas duas leis acima mencionadas, com o objetivo de proteger os administrados e seus direitos e liberdades, como também restringir possíveis efeitos discriminatórios das decisões robóticas.

3.1 CONCEITO DE ATO ADMINISTRATIVO ROBÓTICO

Com a evolução das Tecnologias de Informação e Comunicação (TIC), o meio pelo qual a Administração passou a produzir suas manifestações passou por profundas modificações, atualmente o gestor público, quando da elaboração de uma decisão administrativa, pode contar com a assistência ou até mesmo da inteligência artificial para emitir determinadas decisões. Nesse sentido, destaca-se:

> No Brasil, também de cunho interpretativo, decisão automatizada pode ser considerada uma tomada de decisão com utilização da inteligência artificial, independentemente da intervenção humana. Pode ser uma decisão decorrente de um sistema algorítmico destinada a cumprir finalidades específicas com base no recebimento de dados objetivos (*input*) para gerar

> resultados também objetivos (*outputs*), ou também as decisões mais sofisticadas e menos explícitas, com a utilização das técnicas de aprendizagem das máquinas. Na tecnologia de aprendizagem, denominada *Machine Learning*, adentram na máquina, além do input e output, o resultado desejado, o que torna um algoritmo capaz de tornar a relação entre dado e resultado verdadeira. É o que se chama de algoritmos inteligentes, também conhecidos como *learners* – são algoritmos que criam outros algoritmos. (TONIAZZO; BARBOSA; RUARO, 2021, p. 59).

O objeto de investigação desta pesquisa se restringirá ao dever de fundamentação dos atos administrativos praticados de forma automatizada pela máquina, com a utilização de inteligência artificial, sem intervenção humana. Dessa forma, não serão analisadas as situações em que o gestor, assistido artificialmente, pratica o ato, pois entende-se que nessas decisões o dever de fundamentação está, no âmbito infraconstitucional, amparado. O que não ocorre com a decisão robótica, na qual o art. 20 da Lei Geral de Proteção de Dados Pessoais, Lei nº 13.709, de 14 de agosto de 2018 apenas prevê o direito a sua revisão, enquanto na União Europeia já é reconhecida a qualquer pessoa o direito de não ficar sujeita a uma decisão administrativa tomada com base no tratamento automatizado de dados (UNIÃO EUROPEIA, 2016).

Tem-se, portanto, como atos robóticos aqueles produzido de forma automatizada pela máquina, com a utilização de técnicas próprias de aprendizagem, e que por ter como finalidade criar, modificar, extinguir ou impor obrigações dentro da esfera jurídica dos administrados, em sua relação com o Estado, são considerados ato administrativos robóticos. A Lei Geral de Proteção de Dados autoriza o tratamento de dados pessoais pelas pessoas jurídicas de direito público para o atendimento de sua finalidade pública, na persecução do interesse público, com o objetivo de executar as competências legais ou cumprir as atribuições legais do serviço público, bem como garante o direito a solicitar a revisão de decisões tomadas unicamente com base em tratamento automatizado de dados pessoais que afetem seus interesses, incluídas as decisões destinadas a definir o seu perfil pessoal, profissional, de consumo e de crédito ou os aspectos de sua personalidade.

Durante o primeiro ano da pandemia da doença pelo coronavírus 2019, COVID-19 (sigla em inglês para *coronavirus disease* 2019) foi reconhecida pela Organização Mundial da Saúde (WHO, 2019) no dia 11 de março de 2020, essa temática da decisão administrativa automatizada ganha nova dimensão, com a adoção de uma série de medidas restritivas aplicadas pelo Governo Federal, Estados, Distrito Federal e Municípios ao enfrentamento da emergência de saúde pública ocasionada pela pandemia do novo coronavírus, objetivando restringir a circulação e evitar aglomerações de pessoas, de forma concomitante e em um mesmo ambiente ou local para o fim de prevenir e controlar a disseminação desse vírus em ambientes propulsores de contato significativo, em razão da própria natureza da atividade desenvolvida e do número de pessoas que se verifica transitando em estabelecimentos comerciais, de ensino, de entretenimento, de prestação de serviços público, dentre outros especialmente quanto aos atos relativos à benefícios assistenciais, em destaque ao Programa Bolsa Família, atualmente chamado de Auxílio Brasil, e o Auxílio Emergencial, o Governo Federal lançou aplicativo para celulares com o objetivo de facilitar a concessão e o recebimento do dinheiro, evitando assim filas e aglomerações de pessoas.

Nesse sentido, o uso de IA representa a utilização de um instrumento sofisticado, capaz de superar desafios administrativos, agilizando a análise de dados com elevado grau de eficiência, "a IA qualifica, em princípio, a tomada da decisão pública, amparada em evidências científicas, ao viabilizar o escrutínio de dados em profusão, cuja qualidade permanece o nó górdio" (FREITAS, 2020, p.44).

Para atender a demanda na brevidade e urgência em que se requer, tais aplicativos foram desenvolvidos de forma que, com base nos dados neles inseridos, cruzados com outras fontes de dados mantidas pelo Governo Federal, a máquina, de forma automatizada, sem a necessidade de interferência humana, é quem emitia a decisão da sua concessão ou não. Nos casos de indeferimento do pedido, ao usuário apenas era apresentada uma mensagem sem qualquer exposição dos motivos que justificaram tal decisão.

3.2 MOTIVAÇÃO DOS ATOS VINCULADOS E DOS ATOS DISCRICIONÁRIOS

Os atos administrativos vinculados são aqueles em que seus elementos encontra-se prescrito no documento legal que confere competência a autoridade administrativa para emissão do ato, o sujeito (competente e capaz), por meio de uma forma predefinida, cujo motivo (pressuposto que enseja, autoriza ou obriga) a prática do ato diante de sua interpretação da realidade, com finalidade de atende, em sentido amplo, o interesse público e em sentido restrito o interesse público restrito, está apto a emitir sua decisão, a salvo dos questionamentos da esfera controladora, para utilizar a nomenclatura legal.

Já em relação aos atos discricionários, ou seja, aquele emitidos dentro da esfera de discricionariedade que a lei confere ao administrador público, discricionariedade essa que não pode ser confundida com liberdade que inexiste para o agente público pois ele procurar a melhor forma de realizar o interesse público e não agir discricionariamente, livremente, buscando satisfazer seu interesse pessoal. Nesse sentido, vale destacar o ensinamento do Professor Ricardo Marcondes Martins:

> Apesar de ser um erro generalizado confundi-la com liberdade [a competência discricionária], as diferenças são abissais. O sistema jurídico não deixa a escolha entre uma alternativa ou outra apenas sob o crivo da vontade do agente competente; o agente deve escolher a alternativa que segundo sua opinião seja a melhor forma de realizar o interesse público. (MARTINS, 2015, p. 113).

A discussão a respeito do dever de motivar os atos discricionários evoluiu à medida que as formas de interpretação do direito foram prevalecendo umas as outras. Nos anos 70, a concepção de que os atos discricionários dispensavam a motivação por estar dentro de uma discricionariedade política justificava que qualquer exercício de função política estava fora do dever de motivar, de indicar circunstancias fáticas e fundamentos jurídicos, além de que se entendia que não era necessária a motivação da discricionariedade administrativa, que até hoje não é universalmente aceita, por dificuldade de se compreender o que estaria ou não compreendido dentro da esfera de discricionariedade da administração para assim entender qual o tipo de motivação necessária. Antigamente, bastava qualificar um posicionamento como discricionário para ficar livre do dever de fundamentar. Com precisão, ensinam os professores Sergio Ferraz e Adilson Abreu Dallari:

> No passado já houve quem sustentasse que a motivação dispensável no caso da prática de atos discricionários. Atualmente, tal entendimento é absolutamente insustentável diante da evolução doutrinária e jurisprudencial quanto ao conceito e significado da discricionariedade. Já se tem claro que a discricionariedade não se confunde com o arbítrio, pois nunca é absoluta, sendo indiscutivelmente sujeira ao controle judicial (pelo menos para se aferir se houve, ou não, desbordamentos de seus limites). Sem a motivação do ato discricionário fica aberta a possibilidade de ocorrência de desvio ou abuso de poder, dada a

dificuldade ou, mesmo, impossibilidade de efetivo controle judicial (FERRAZ e DALLARI, 2001, p. 58 e 59).

Atualmente, o posicionamento predominante é o de que a lei não é apenas o que ela expressamente diz, mas o princípio da legalidade está dentro de um bloco de juridicidade, com a necessidade de observar a constituição, o estado democrático de direito, qualquer pessoa que exerce o poder tem que explicar as razões pelas quais exerce o poder, sejam elas razões fáticas ou jurídicas. Não se tinha esse olhar que buscava viabilizar a concretude do próprio texto constitucional em relação aos seus fundamentos, aos seus objetivos que interpretados numa hermenêutica que fosse sistemática já deixava claro a obrigação de motivar.

Dentro dessa evolução da motivação encontra-se o instituto dos "motivos determinantes", segundo Celso Antônio Bandeira de Mello:

> De acordo com esta teoria, os motivos que determinaram a vontade do agente, isto é, os fatos que serviram de suporte à sua decisão, integram a validade do ato. Sendo assim, a invocação de "motivos de fato" falsos, inexistentes ou incorretamente qualificados vicia o ato mesmo quando, conforme já se disse, a lei não haja estabelecido, antecipadamente, os motivos que ensejaram a prática do ato. Uma vez enunciados pelo agente os motivos em que se calçou, ainda quando a lei não haja expressamente imposto a obrigação de enunciá-los, o ato só será válido se estes realmente ocorreram e o justificam (MELLO, 2019, p. 412).

Essa teoria não impõe ao administrador o dever de motivar, ao contrário, retarda a discussão desse problema do qual o poder constituinte derivado insiste em ignorar. veja-se: se um agente público embora não obrigado a motivar, se o fizer, indicando as razões fáticas e jurídicas pelas quais ele atua, tais razões integram a validade do ato, sob pena de nulidade do ato. Assim o controlador, interno ou externo, pode aferir a veracidade do motivo e a juridicidade do fundamento, se aquilo que se alega estar em par com a constituição, com a lei, com os atos regulatórios do ordenamento jurídico.

Dessa forma, foge-se da discussão principal, qual seja, da obrigatoriedade da motivação do ato administrativo, condicionando o agente, caso ele motive um ato cuja obrigatoriedade não está prevista na lei, bastando apenas que ele silencie na motivação para escapar dessa teoria. Pois o agente só poderia suportar o controle se ele indicasse fato ou fundamento jurídico. Nessa linha, destaca-se Adilson Abreu Dallari:

> Se o ato praticado não for devidamente motivado, se não for precedido de motivação explicita, não haverá como se proceder uma verificação da consistência dos motivos que ensejaram a decisão tomada. A falta de motivação é um vício autônomo, capaz de ensejar a decretação da nulidade do ato. Sem explicitação dos motivos é quase impossível o controle da discricionaridade e do sérvio de poder. A forma mais segura para desvendar a ocorrência do desvio de poder é pelo exame dos motivos alegados para a prática do ato. (DALLARI *apud* FREITAS, 2013, p. 93).

Dessa maneira, cumpre aos controladores a tarefa de exigir que o administrador público cumpra o dever de indicar os fundamentos de fato e direito que permitem a edição do ato, seja ele vinculado ou discricionário, em face da inafastável sindicabilidade e controle que advém dos princípios que fundam o Estado de Direito (FREITAS, 2013).

Afinal, no Estado Democrático de Direito as competências estatais atribuídas pela Constituição ao Estado e suas prerrogativas ao seu regime jurídico-administrativo, tem como contrapartida a obrigatoriedade de exposição das razões da ação administrativa para que o administrado possa contraditá-lo (FRANÇA, 2007, p. 103).

3.3 DEVER DE MOTIVAÇÃO DAS DECISÕES ADMINISTRATIVOS ROBÓTICAS

A decisão administrativa robótica resulta da utilização, por parte da Administração Pública, das novas tecnologias no âmbito desse novo cenário de um direito administrativo digital. Sendo a necessidade de fundamentação do ato, tema relevante na discussão diante das distorções que podem ser replicadas pelas IA na elaboração de decisões baseadas em dados automatizados.

Nesse contexto, utilizando como exemplo a concessão de benefício social de transferência direta de renda, tal como o auxílio emergencial, concedido durante as primeiras ondas da pandemia da COVID-19, após o cruzamento de dados, de forma automatizada, sem interferência humana, após a pessoa física se cadastrar e requerer o benefício pelo aplicativo desenvolvido pelo Governo Federal.

Eventual indeferimento do pedido, também realizado de forma automatizada, era formalizado por meio de uma simples mensagem "Benefício Negado", sem qualquer exposição de motivos, o que afronta diretamente a exegese do § 2º do art. 50 da Lei de Processo Administrativo Federal combinado com o art. 20 da Lei Geral de Proteção de Dados Pessoais.

Portanto a decisão administrativa robótica de indeferimento deve ser motivada, sob pena de nulidade, uma vez que negam direitos do Administrado. Ademais, por ser o ato administrativo robótico uma espécie de ato administrativo, devem ser motivados, com a indicação de fatos e fundamentos jurídicos sempre que: I - neguem, limitem ou afetem direitos ou interesses; II - imponham ou agravem deveres, encargos ou sanções; III - decidam processos administrativos de concurso ou seleção pública; IV - dispensem ou declarem a inexigibilidade de processo licitatório; V - decidam recursos administrativos; VI - decorram de reexame de ofício; VII - deixem de aplicar jurisprudência firmada sobre a questão ou discrepem de pareceres, laudos, propostas e relatórios oficiais; VIII - importem anulação, revogação, suspensão ou convalidação de ato administrativo.

Devendo, tais fundamentos, serem expostos de forma clara, explícita e congruente, não sendo considerada motivada a decisão que: I - se limitar à indicação, à reprodução ou à paráfrase de ato normativo, sem explicar sua relação com a causa ou a questão decidida; II - empregar conceitos jurídicos indeterminados, sem explicar o motivo concreto de sua incidência no caso; III - invocar motivos que se prestariam a justificar qualquer outra decisão; IV - não enfrentar todos os argumentos deduzidos no processo capazes de, em tese, infirmar a conclusão adotada pelo julgador; V - se limitar a invocar precedente ou enunciado de súmula, sem identificar seus fundamentos determinantes nem demonstrar que o caso sob julgamento se ajusta àqueles fundamentos; VI - deixar de seguir enunciado de súmula, jurisprudência ou precedente invocado pela parte, sem demonstrar a existência de distinção no caso em julgamento ou a superação do entendimento.

Podendo ainda, tal motivação, para ser considerada suficiente, pode ainda consistir em mera declaração de concordância com os fundamentos de manifestações jurídicas anteriores, informações, decisões ou proposta, sendo, nesses casos, parte integrante do *decisium*. Na solução de vários assuntos da mesma natureza, é possível a utilização dos mesmos fundamentos, desde que não prejudique o direito ou garantia dos administrados.

O problema reside no caso da decisão administrativa robótica baseada exclusivamente em valores jurídicos abstratos, nesses casos, para o ato ser válido, após a reforma da LINDB, em especial, o art. 20, é necessário que a motivação contenha, necessariamente, a previsão dos efeitos práticos que a decisão deve alcançar, demonstrando a necessidade e a adequação da medida imposta ou da invalidação de ato, contrato, ajuste, processo ou norma administrativa, inclusive em face das possíveis alternativas. Nesses casos, fica evidente a necessidade de um juízo de ponderação entre as consequências práticas que se pretende alcançar com a decisão, feitas por um "gestor médio", no exercício diligente de sua atuação, consiga vislumbrar diante dos fatos e fundamentos de mérito e jurídicos, o que acarretaria, nos casos das decisões administrativa baseadas exclusivamente em valores abstratos, na necessidade de serem editadas exclusivamente por humanos.

Dessa forma, tem-se nos atos administrativos robóticos o uso da inteligência artificial como instrumento que proporciona o aumento da eficiência da administração pública, especialmente por meio da desburocratização, da inovação, da transformação da relação como o cidadão se relaciona com o Estado.

É sabido que a tendência de superação do Estado analógico pelo digital necessitará de um novo modelo de direito público digital, um regime jurídico com novos princípios e regras que levem em consideração a ciência dos dados coletados pelos algoritmos na construção de um Estado sustentável, na elaboração de políticas públicas baseadas em evidências, nos limites de aplicação das decisões automatizadas, no direito a decisão humana.

No momento atual, analisando com base no ordenamento jurídico vigente, tem-se que as decisões automatizadas podem ser utilizadas pelas pessoas jurídicas de direito público para atendimento de sua finalidade público, sendo garantido ao administrado pela Lei Geral de Proteção de Dados o direito de solicitar a revisão desse tipo de decisão.

A decisão robótica é uma espécie de ato administrativo encampado pela Administração Pública que repercute na esfera jurídica do administrado. Assim, devem ser motivadas as decisões nas situações previstas no rol do caput do art. 50 da Lei de Processo Administrativo Federal, bem como nas novas exigências da LINDB reformada, nos seus artigos 20 e 21 que tratam da decisão com base em valor jurídico abstrato e que decretem a invalidação de ato, contrato, ajuste processo ou norma administrativa.

4
ATOS DE INTERVENÇÃO NO DOMÍNIO ECONÔMICO E A OBRIGATORIEDADE DE FUNDAMENTAÇÃO

O presente estudo tem por objetivo analisar como a exposição dos fundamentos de fato, especificamente, dos impactos econômicos e financeiros nos decretos que reduzem as alíquotas do imposto de importação, de exportação, produtos industrializados e sobre operações financeiras podem promover o desenvolvimento econômico equilibrado, pois apresentam ao mercado de forma transparente que a renúncia de receita é sustentável do ponto de vista econômico, além de garantir previsibilidade das ações do Estado quando da necessidade de intervir no domínio econômico.

Para tanto, inicialmente será tratado da dispensa legal do dever de motivar os atos de redução ou majoração de alíquota dos impostos parafiscais. A lei conhecida popularmente como lei de responsabilidade fiscal, trata em seu artigo 14 da necessidade de fundamentação das decisões públicas que impliquem renúncia de receita, contudo, em se tratando das alterações das alíquotas dos impostos parafiscais, o §3º do mesmo artigo expressamente dispõe sobre a não aplicação desses requisitos. O que, do ponto de vista democrático, é uma medida injustificável, pois a necessidade de se motivar um ato administrativo é pressuposto essencial para que o administrado conheça os pressupostos de fato que ensejaram a edição do ato e possa exercer controle sobre ele.

Em seguida, será tratada da necessidade de o Estado intervir no domínio econômico durante os períodos de recessão para tentar abreviar seus efeitos e garantir sua missão constitucional, utilizando-se os tributos com função indutora, ou seja, de incentivar ou desincentivar determinada conduta no setor privado, em especial pela alteração da alíquota dos impostos extrafiscais.

Por fim, será tradada da motivação do ato de intervenção como instrumento para promoção do desenvolvimento econômico equilibrado, uma fundamentação que leve em consideração parâmetros técnicos da área econômica e financeira, baseando-se inclusive nos elementos elencados no art. 14 da Lei de responsabilidade fiscal, tudo isso para garantir ao destinatário, o mercado, previsibilidade e segurança, já que os incentivos implicam em renúncia de receita, que se não for adequadamente planejada podem ser fatos geradores de novos períodos de recessão que se pretendem minimizar.

4.1 DA AUSÊNCIA DO DEVER LEGAL DE MOTIVAR NOS ATOS DE ALTERAÇÃO DE ALÍQUOTA DOS IMPOSTOS EXTRAFISCAIS

A Constituição atribui expressamente à União competência tributária para instituir impostos sobre a importação de produtos estrangeiros; exportação, para o exterior, de produtos nacionais ou nacionalizados; renda e proventos de qualquer natureza; produtos industrializados; operações de crédito, câmbio e seguro, ou relativas a títulos ou valores mobiliários; propriedade territorial rural e grandes fortunas, conforme o art. 153, inciso I ao VII da Constituição.

Doutrinariamente foram construídas classes para agrupar os impostos em relação a predominância ou não da sua função arrecadatória e da disponibilidade do recursos captado, são elas a fiscalidade, extrafiscalidade e parafiscalidade. No que interessa ao estudo, tem-se como extrafiscais aqueles tributos em que há predominância não da função arrecadatória, mas a de intervir no mercado econômico, estimulando ou desestimulando condutas por meio da alteração de sua alíquota nos limites estabelecidos na Lei. Em relação a esses tributos, pontua o Professor Paulo de Barros Carvalho (2011, p. 250):

> Consistindo a extrafiscalidade no uso de fórmulas jurídico-tributárias para a obtenção de metas que prevalecem sobre os fins simplesmente arrecadatórios de recursos monetários, o regime que há de dirigir tal atividade não poderia deixar de ser aquele próprio das exações tributárias.

São considerados extrafiscais, os tributos aduaneiros, imposto de importação e o de exportação, o imposto sobre produtos industrializados e os sobre operações de crédito, câmbio e seguro, ou relativas a títulos ou valores mobiliários. Para estes, o §1º do art. 153 da Constituição faculta ao Poder Executivo alterar as alíquotas desde que atendidas as condições e limites estabelecidos na legislação infraconstitucional. O Executivo assim o faz por meio decretos, com fundamento no inciso IV, art. 84 da Constituição. Nesse sentido, Almiro do Couto e Silva (2015, p. 171):

> Ao fixarem as leis diferentes competências dos órgãos do Estado, se muitas vezes indicaram com exatidão milimétrica qual deverá ser a conduta do agente público, em numerosíssimas outras lhes outorgam considerável faixa de liberdade, a qual pode consistir não só na faculdade de praticar ou de deixar de praticar certo ato, como também no poder, dentro dos limites legais, de escolher o rol das providências possíveis aquela que lhe parecer mais adequada à situação concreta. O elenco das providências, conforme dispuser a norma, poderá ser maior ou menor. Determinada norma estabelecerá, por exemplo, a possibilidade de eleição entre as medidas

de A até Z; outras apenas entre as medidas de A até F; outras entre as medidas A, B e C; outra entre A e B; e outra, finalmente, apenas a possibilidade de escolher entrar praticar ou não praticar o ato.

Outrossim, a Lei Complementar nº 101, de 04 de maio de 2000 que estabelece normas de finanças públicas voltadas para a responsabilidade na gestão fiscal quanto trata da receita pública, especificamente quanto a sua renúncia, o que ocorre, por exemplo, quando há a redução de alíquota de impostos, estabelece o seguinte, *in verbis*:

Art. 14. A concessão ou ampliação de incentivo ou benefício de natureza tributária da qual decorra renúncia de receita deverá estar acompanhada de estimativa do impacto orçamentário-financeiro no exercício em que deva iniciar sua vigência e nos dois seguintes, atender ao disposto na lei de diretrizes orçamentárias e a pelo menos uma das seguintes condições: (Vide Medida Provisória nº 2.159, de 2001) (Vide Lei nº 10.276, de 2001) (Vide ADI 6357)

I – demonstração pelo proponente de que a renúncia foi considerada na estimativa de receita da lei orçamentária, na forma do art. 12, e de que não afetará as metas de resultados fiscais previstas no anexo próprio da lei de diretrizes orçamentárias;

II – estar acompanhada de medidas de compensação, no período mencionado no caput, por meio do aumento de receita, proveniente da elevação de alíquotas, ampliação da base de cálculo, majoração ou criação de tributo ou contribuição.

§ 1º A renúncia compreende anistia, remissão, subsídio, crédito presumido, concessão de isenção em caráter não geral, alteração de alíquota ou modificação de base de cálculo que implique redução discriminada de tributos ou contribuições, e outros benefícios que correspondam a tratamento diferenciado.

§ 2º Se o ato de concessão ou ampliação do incentivo ou benefício de que trata o caput deste artigo decorrer da condição contida no inciso II, o benefício só entrará em vigor quando implementadas as medidas referidas no mencionado inciso.

§ 3º O disposto neste artigo não se aplica:

I – às alterações das alíquotas dos impostos previstos nos incisos I, II, IV e V do art. 153 da Constituição, na forma do seu § 1º;

II – ao cancelamento de débito cujo montante seja inferior ao dos respectivos custos de cobrança.

Verifica-se que a Lei de responsabilidade fiscal estabelece para os atos que implicam a renúncia de receita a necessidade de exposição dos impactos orçamentários-financeiros no exercício e nos dois seguintes, de atender o que foi disposto na LDO, além de atender pelo menos uma das seguintes condições: (i) demonstração de que a renúncia foi considerada na estimativa da receita da lei orçamentária ou (ii) estar acompanhada de medidas de compensação. Com isso, o mercado, que é o destinatário, a quem se pretende estimular ou desestimular determinado comportamento, pode ter segurança que tal medida foi avaliada de forma prudente e que ela não acarretará o aumento da despesa pública, pois seus efeitos foram ponderados quando da sua edição.

Destaca-se que a fundamentação marcada pelos qualificadores acima elencados é medida salutar que deveria ser aplicada inclusive aos impostos extrafiscais, pois estes são o que, geralmente, tem suas alíquotas alteradas durante períodos de recessão econômica. Contudo, o §3º, do art. 14, expressamente prevê a desnecessidade de motivar os atos de alteração de alíquota dos impostos extrafiscais. Com isso, no Brasil, a redução das alíquotas desses impostos acaba provocando um aumento da despesa pública, não apenas no exercício financeiro em que foi editada, mas também nos seguintes, comprometendo inclusive os compromissos constitucionais outorgados à União.

Assim, quando o Governo julga conveniente ou oportuno alterar as alíquotas imposto de importação, de exportação, produtos industrializados e sobre operações financeiras, o ato expedido, ou seja, o Decreto do executivo não tem obrigação de expor os fundamentos em que foi baseado para edição do ato, as consequências esperadas com a alteração, nem o impacto de tais medidas para o orçamento vigente quando da sua edição e para os subsequentes, tampouco, nos casos de renúncia, as medidas compensatórias, o que gera para os mercados falta de segurança e imprevisibilidade quanto as ações do Estado.

Na lição de José Carlos Vieira de Andrade (1992, p. 200), "toda discricionariedade precisa estar vinculada aos motivos que obrigatoriamente haverão de ser expostos, de maneira consistente e elucidativa, sempre que afetados direitos subjetivos". Assim sendo, a discricionariedade não pode ser confundida com liberdade, visto que esta inexiste para o agente público pois ele procurar a melhor forma de realizar o interesse público e não agir discricionariamente, livremente, buscando satisfazer seu interesse pessoal. Nesse sentido, vale destacar o ensinamento do Professor Ricardo Marcondes Martins (2015, p. 113):

> Apesar de ser um erro generalizado confundi-la com liberdade [a competência discricionária], as diferenças são abissais. O sistema jurídico não deixa a escolha entre uma alternativa ou outra apenas sob o crivo da vontade do agente competente; o agente deve escolher a alternativa que segundo sua opinião seja a melhor forma de realizar o interesse público.

A discussão a respeito do dever de motivar os atos discricionários evoluiu à medida que as formas de interpretação do direito foram prevalecendo umas as outras. Nos anos 70, a concepção de que os atos discricionários dispensavam a motivação por estar dentro de uma discricionariedade política justificava que qualquer exercício de função política estava fora do dever de motivar, de indicar circunstancias fáticas e fundamentos jurídicos, além de que se entendia que não era necessária a motivação da discricionariedade administrativa, que até hoje não é universalmente aceita, por dificuldade de se compreender o que estaria ou não compreendido dentro da esfera de discricionariedade da administração para assim entender qual o tipo de motivação necessária. Antigamente, bastava qualificar um posicionamento como discricionário para ficar livre do dever de fundamentar. Com precisão, ensinam os professores Sergio Ferraz e Adilson Abreu Dallari (2001. p. 58 e 59):

> No passado já houve quem sustentasse que a motivação dispensável no caso da prática de atos discricionários. Atualmente, tal entendimento é absolutamente insustentável diante da evolução doutrinária e jurisprudencial quanto ao conceito e significado da discricionariedade. Já se tem claro que a discricionariedade não se confunde com o arbítrio, pois nunca é absoluta, sendo indiscutivelmente sujeira ao controle judicial (pelo menos para se aferir se houve, ou não, desbordamentos de seus limites). Sem a motivação do ato discricionário fica aberta a possibilidade de ocorrência de desvio ou abuso de poder, dada a dificuldade ou, mesmo, impossibilidade de efetivo controle judicial.

Atualmente, o posicionamento predominante é o de que a lei não é apenas o que ela expressamente diz, mas o princípio da legalidade está dentro de um bloco de juridicidade, com a necessidade de observar a constituição, o estado democrático de direito, qualquer pessoa que exerce o poder tem que explicar as razões pelas quais exerce o poder, sejam elas razões fáticas ou jurídicas. Não se tinha esse olhar que buscava viabilizar a concretude do próprio texto constitucional em relação aos seus fundamentos, aos seus objetivos que interpretados numa hermenêutica que fosse sistemática já deixava claro a obrigação de motivar.

Além disso, as medidas de intervenção do Estado que foram previstas pelo poder constituinte originário são excepcionais, justificando-se, sua utilização, apenas nas hipóteses necessárias para manter ambiente econômico minimamente equilibrado, corrigindo algumas deficiências do mercado, afinal, um mercado desequilibrado impacta também o Estado, visto que ele também faz parte do mercado, como agente regulador e como fornecedor de bens e serviços públicos.

Afinal, no Estado Democrático de Direito, onde as competências estatais atribuídas pela Constituição ao Estado e suas prerrogativas ao seu regime jurídico-administrativo, tem como contrapartida a obrigatoriedade de exposição das razões da ação administrativa de intervir no domínio econômico para que o mercado possa conhecer a fundamentação e contraditá-la (FRANÇA, 2007, p. 107).

4.2 NECESSIDADE DE INTERVENÇÃO INDIRETA DO ESTADO NO DOMÍNIO ECONÔMICO

A Constituição está fundada no sistema capitalista, positivando direitos no sentido da garantia da propriedade privada e no livre exercício das atividades econômicas. Contudo, também legitima o Estado para intervir no domínio econômico, o que pode acontecer de maneira direta, por meio do serviço público (art. 175) ou atividade econômica (art. 173) em regime de concorrência ou monopólio ou ainda como agente normativo e regulador da atividade econômica, devendo intervir na forma como a lei infraconstitucional disciplinar, assumindo as funções de fiscalização, incentivo e planejamento, determinante para o setor público e indicativo para o setor privado, conforme o art. 174 da Constituição, sempre respeitando os princípios e fundamentos próprios da ordem econômica previstos no art. 170 da Carta Magna.

Contudo, há outra forma de intervenção indireta do Estado no domínio econômico que, apesar de não prevista expressamente na Constituição, é doutrinariamente aceita e faticamente mensurável, chamada de intervenção indireta por indução, que pode ocorrer de duas formas, qual seja (i) pela concessão de incentivos fiscais ou (ii) pela utilização de tributos extrafiscais.

A utilização de tributos com função indutora, ou seja, de incentivar ou desincentivar determinada conduta no setor privado, em especial pela alteração da alíquota dos impostos extrafiscais, é brilhantemente definida pelo Professor Luís Eduardo Schoueri (2005, p. 356):

> Normas tributárias indutoras, enquanto instrumento de intervenção sobre o Domínio Econômico, prestam-se tanto à correção das deficiências do mercado quanto à implementação da Ordem Econômica prescrita na Constituição. Em todos os casos é possível encontrar aplicabilidade de normas tributárias indutoras que, assim, se dobram aos princípios constitucionais que regem a Ordem Econômica.

Afinal, os ciclos econômicos fazem parte de uma economia de mercado, no qual períodos de recessão e de crescimento se sucedem, cabendo ao Estado durante os períodos de crises adotar medidas com objetivo de estimular a economia e conter os efeitos destes períodos para preservar a consecução de sua missão atribuída pela constituição e abreviar os períodos de recessão, por meio da concessão de isenções, anistias ou qualquer outra ação.

De qualquer modo, a intervenção no domínio econômico é medida que somente se justifica quando presentes deficiências no mercado que justificam a ação estatal, são elas: (i)as hipóteses de deficiência na concorrência; (ii) os chamados bens coletivos para satisfação de necessidades essenciais; (iii) as externalidades; (iv) assimetrias de informação e (v) desequilíbrio econômico (JUSTEN FILHO, 2013, p. 688).

Ocorre que todas essas medidas implicam na renúncia de receita, se tais medidas não forem tomadas com base em parâmetros técnicos dos sistemas econômicos e financeiro, podem dar origem a novos períodos de recessão, causados pela inépcia do Estado na gestão dos riscos assumidos. Como assevera Fernando Scaff (2010, p. 26):

> De nada adianta falarmos de direitos se não olharmos quanto de recursos financeiros o Estado estabeleceu para realização daqueles direitos. Assim, qualquer análise sensata sobre o papel do Estado na efetivação dos direitos fundamentais não pode deixar de considerar os recursos públicos que haverão de subsidiá-los.

Pois o Governo tem como função promover o desenvolvimento econômico equilibrado, por meio de concessões de incentivos econômicos, estes estão previstos na Lei de responsabilidade fiscal que dispões sobre o planejamento do gasto público de forma racional, de políticas públicas anticíclicas que devem ser implementadas levando em consideração suas consequências e da forma mais transparente possível, de modo a assegurar ao setor privado segurança e previsibilidade.

Pois o mercado, ou os mercados, necessitam de regularidade e previsibilidade de comportamentos para se manterem equilibrados. Segundo os ensinamentos de Eros Roberto Grau (2017, p. 28):

> Ora, como o mercado é movido por interesses egoísticos – a busca do maior lucro possível – e a sua relação típica é a relação do intercâmbio, a expectativa daquela regularidade de comportamentos é que o constitui como uma ordem. E essa regularidade, que se pode assegurar

somente na medida em que critérios subjetivos sejam substituídos por padrões objetivos de conduta, implica sempre a superação do individualismo próprio ao atuar dos agentes do mercado.

A substituições desses critérios subjetivos por padrões objetivos só é possível de ser aferida pelo destinatário do ato quando os seus pressupostos de fato e de direito são expressos no ato. Dessa forma, a motivação é elemento essencial para o desenvolvimento econômico equilibrado.

4.3 OBRIGATORIEDADE DA MOTIVAÇÃO DOS ATOS DE INTERVENÇÃO COMO INSTRUMENTO PARA PROMOÇÃO DO DESENVOLVIMENTO ECONÔMICO EQUILIBRADO

A motivação, ou seja, a exposição dos fundamentos de direito e especialmente de fato que ensejaram a edição do ato são essenciais para que seu destinatário possa conhecer qual a hipótese de incidência foi identificada pelo Estado na situação fática por ele observada, nesse sentido pontua Florivaldo Dutra de Araújo (2005, p. 112):

> A lei nunca pode ser aplicada sem que antes seja interpretada. A fim de que o administrador não utilize de sua competência para, ao interpretar a norma, desbordar dos limites de seu poder, a garantia mais segura decorrerá da possibilidade de controle do ato administrativo com base em obrigatória fundamentação. Nesta, exporá a leitura que fez da lei ao concretizá-la, em cada caso, tal como está obrigado a fazer o juiz.

Assim, mesmo sendo um ato administrativo normativo discricionário do Chefe do Poder Executivo, o decreto de alteração de alíquotas dos impostos extrafiscais se impõe como medida para promover um desenvolvimento econômico equilibrado, gerando previsibilidade ao mercado, pois ao facultar, a lei concede maior espaço para ação, o que carece de mais profunda fundamentação, como expõe Celso Antônio Bandeira de Mello (1986, p. 25):

> Efetivamente a competência não é um cheque em branco. Ela existe para ser utilizada diante de certas circunstâncias e para alcançar certa finalidade. Se os atos discricionários puderem ser expedidos sem motivação, o que ocorrerá é que faltarão os meios para aferir se o ato foi efetivamente endereçado para o alvo que teria de ser mirado e perante circunstâncias que demonstrassem uma relação de pertinência lógica ante o fato tomado como base e a conduta afinal expressada pelo agente.

E se relaciona diretamente com o princípio da prevenção e o da precaução que impõe a Administração pública o dever de agir previamente diante de evento certo, no caso da prevenção, ou incerto mais provável, no caso da precaução, evento este que cause ou tenha potencial de causar dano injusto, no caso, no âmbito econômico, a Administração tem o dever de agir para evita-lo ou mitiga-lo, não podendo invocar juízos de conveniência ou oportunidade sob a égide da discricionariedade administrativa como justificativa para permanecer inerte (FREITAS, 2013, p. 24).

Assim sendo, a Administração tem o dever de fundamentar os atos de intervenção indireta no domínio econômico pois este tem potencial de causar dano injusto no âmbito econômico na vida do administrado, tanto com fundamento nos princípios da precaução e prevenção, quanto no princípio democrático, pois todas as decisões administrativas que repercutem na esfera de direito individuais e coletivos devem ser motivadas (Morand-Deviller, 2005, p. 85).

Desse modo, tem-se que o dever de motivar os atos que alteram as alíquotas dos impostos extrafiscais é uma obrigação que a lei expressamente afasta. Contudo, tal medida, como foi demonstrado, é extremamente salutar e necessária para promover o desenvolvimento econômico equilibrado, por meio de uma gestão fiscal responsável.

Assim, a exposição dos elementos de fato e de direito de todas as decisões administrativas que repercutem na esfera jurídica do administrado, no caso, do setor privado, dos mercados, deveria ser uma regra sedimentada no âmbito constitucional como direito fundamental, tal ausência não impediu que a maioria dos doutrinadores consolidassem o entendimento de que o fundamento da obrigatoriedade de motivação das decisões decorre diretamente do ordenamento jurídico, diante da ausência expressa no caput do art. 37 da Constituição Federal, do conjunto de princípios que estruturam o Estado Democrático de Direito.

Uma vez fundamentados com os requisitos constantes no art. 14 da Lei de Responsabilidade fiscal, ou seja, está acompanhada de estimativa do impacto orçamentário-financeiro no exercício em que deva iniciar sua vigência e nos dois seguintes, atender ao disposto na lei de diretrizes orçamentárias e pelo menos a demonstração de que a renúncia foi considerada na estimativa da receita da lei orçamentária ou estar acompanhada de medidas de compensação.

Dessa forma, ciente dos fundamentos econômicos financeiros quanto ao ato de despesa pública que implica a renúncia de receita como medida para minimizar ou abreviar os períodos de crise econômica, os mercados podem restabelecer uma relação de confiança com o governo pauta na transparência, previsibilidade e segurança, promovendo, portanto, um desenvolvimento econômico equilibrado.

5
CONSIDERAÇÕES FINAIS

A obrigação de expor fundamentadamente os elementos que serviram de base para tomar determinada decisão administrativa ou expedir certo ato administrativo é dever imposto por obrigação infraconstitucional elaborada pelo legislador ordinário que vincula a administração direta e indireta na esfera federal de governo. Na constituição, a inexistência de previsão, por vontade do constituinte, acaba por dispensar os órgãos/entidades cujas competência são previstas constitucionalmente, por não se vinculares a legislação inferior, muito embora seja pacífica na doutrina que o dever de motivar é princípio implícito na Constituição e decorre diretamente do conjunto de princípios que estruturam o Estado Democrático de Direito.

Os requisitos necessários para que a motivação seja considerada devidamente fundamentada, à luz do ordenamento jurídico pátrio, foi evoluindo da legalidade administrativa para juridicidade administrativa, da concepção do Estado legalista para o Estado Democrático de Direito evoluíram. Se antes, os atos administrativos discricionários eram dispensados de motivação por estar dentro da esfera de liberdade do administrador, hoje entende-se que essa "liberdade" está vinculada as alternativas que apresentam a melhor solução para satisfação do interesse público.

O panorama traçado do dever de fundamentar os atos administrativos, desde a sua retirada da redação final do texto constitucional, sem apresentar qualquer justificativa, por meio de um conjunto de emendas do centrão, desde o tratamento dispensado pelos doutrinadores e pela legislação infraconstitucional e finalmente pelas disposições introduzidas na Lei de Introdução às Normas de Direito Brasileiro, por meio da Lei nº 13.655/2018, demonstram que este dever abrange apenas determinados tipos de atos administrativos e determinadas autoridades em que a competência do ente que atua não foi atribuída expressamente pela Constituição.

Pois, em sede constitucional, o dever de fundamentar as decisões tomadas no exercício da função administrativa é imposta expressamente somente no âmbito do Poder Judiciário, por meio do inciso "X" do art. 93. Aos demais poderes e as entidades que sua competência é definida constitucionalmente, não há explicitamente este dever. Isso porque a retirada das disposições que exigiam do administrador a fundamentação foi retirada da redação final, por deliberação do poder constituinte originário que assim manifestou sua vontade.

No plano infraconstitucional, no âmbito da administração pública federal, todas as entidades cuja competência não é definida pela Constituição, tem o dever de fundamentar, por força da Lei 9784 os atos elencados no rol do seu art. 50, acrescida das disposições da LINDB reformada, que impõe o dever de motivar suas decisões as esferas administrativa, controladora e judicial, tomados com base em valores jurídicos abstratos e que decretem a invalidação de ato, contrato, ajuste, processo ou norma administrativa.

Sendo assim, depreende-se a intenção do constituinte em não impor essa obrigação para os órgãos/entidades que possuem sua competência definida constitucionalmente, uma vez que essa obrigação está expressamente presente apenas na legislação infraconstitucional, vinculando apenas os órgãos/entidades da administração direta e indireta dos poderes da União, Estado, Distrito Federal e Municípios, em que as competências foram desenhadas pelo legislador ordinário, como no caso do Ministério Público, a Advocacia-Geral da União, a Defensoria Pública e o Tribunal de Contas, quando do exercício da função administrativa

Desse modo, legalmente, diante dos motivos expostos pela autoridade administrativa, os critérios utilizados para aferir se está devidamente motivada, dependem primeiramente do tipo de decisão a ser analisada. De modo que, não sendo uma decisão baseada em valores jurídicos abstratos ou que decretem a invalidação de atos, contratos, ajustes, processos ou normas administrativas, combinando o §1º do art. 50 da Lei nº 9.784/99, o Decreto-Lei nº 4.657/42 e seu regulamento, o Decreto nº 9.830/2019, a motivação deve ser explícita, clara e congruente, devendo conter: (i) a contextualização dos fatos; (ii) a indicação dos fundamentos de méritos; (iii) a indicação dos fundamentos jurídicos, especificando a norma utilizada, a interpretação, a jurisprudência e a doutrina e a (iv) congruência entre os fundamentos de mérito e o jurídico.

Sendo uma decisão tomada com base em valores jurídicos abstratos, além dos requisitos acima, a motivação deve contemplar as consequências práticas e jurídicas da decisão, dentro do espectro de uma autoridade diligente, além dos elementos que justificam a necessidade e adequação da solução escolhida para o problema apresentado.

Quanto a decisão que decreta a invalidação de e ato, contrato, ajuste, processo ou norma administrativa, além dos elementos necessários para caracterizar uma fundamentação adequada nas decisão baseada em valores abstratos, poderá indicar a modulação dos seus efeitos, as condições para que a regularização ocorra de forma proporcional e equânime e sem prejuízo aos interesses gerais, com objetivo de minimizar os ônus ou perdas que, em função das peculiaridades do caso, sejam anormais ou excessivos.

REFERÊNCIAS

ANDRADE, José Carlos Vieira de. *O dever da fundamentação expressa dos actos administrativos.* Coimbra: Livraria Almedina, 1992.

ARAÚJO, Florivaldo Dutra de. *Motivação e controle do ato administrativo.* 2. ed. Belo Horizonte: Del Rey, 2005.

AURÉLIO, Bruno Francisco Cabral. *Atos administrativos ampliativos de direitos: revogação e invalidação.* São Paulo: Malheiros, 2011.

BANDEIRA DE MELLO, Oswaldo Aranha. *Princípios gerais de direito administrativo.* 3. ed. 2ª tiragem. v. I. Rio de Janeiro: Forense, 2010.

BRASIL, Lei 13.709, 14 de agosto de 2018. *Institui a Lei Geral de Proteção de Dados Pessoais.* Disponível em: <http://www.planalto.gov.br/ccivil_03/_ato2015-2018/2018/lei/l13709.htm>. Acesso em: 04 abr. 2022.

BRASIL, Lei 14.129, 29 de março de 2021. *Dispõe sobre princípios, regras e instrumentos para o Governo Digital e para o aumento da eficiência pública e altera a Lei nº 7.116, de 29 de agosto de 1983, a Lei nº 12.527, de 18 de novembro de 2011 (Lei de Acesso à Informação), a Lei nº 12.682, de 9 de julho de 2012, e a Lei nº 13.460, de 26 de junho de 2017.* Disponível em: https://www.in.gov.br/en/web/dou/-/lei-n-14.129-de-29-de-marco-de-2021-311282132. Acesso em: 04 abr. 2022.

BRASIL. [Constituição (1988)]. *Constituição da República Federativa do Brasil de 1988.* Brasília, DF: Presidência da República, [2021].

Disponível em: http://www.planalto.gov.br/ccivil_03/constituicao/constituicao.htm. Acesso em: 17 ago. 2021.

BRASIL. Câmara dos Deputados. *Projeto de Lei nº 2.454 de 1996*. Disponível em: https://www.camara.leg.br/proposicoesWeb/prop_mostrarintegra;jsessionid=node01oimuzi3vykwfhyddsa-dbc9u3275730.node0?codteor=1132093&filename=Dossie+-PL+2464/1996. Acesso em: 23 ago. 2021.

BRASIL. Comissão de Redação. Assembleia Nacional Constituinte (org.). *Projeto de Constituição "D": redação final.* 1987. Disponível em: https://www.camara.leg.br/internet/constituicao20anos/DocumentosAvulsos/vol-316.pdf. Acesso em: 17 ago. 2021.

BRASIL. Comissões Temáticas. Assembleia Nacional Constituinte (org.). *Emendas ao anteprojeto da subcomissão na comissão*: comissão de organização dos poderes e sistema de governo. 1987. Disponível em: https://www.camara.leg.br/internet/constituicao20anos/DocumentosAvulsos/vol-100.pdf. Acesso em: 17 ago. 2021.

BRASIL. Comissões Temáticas. Assembleia Nacional Constituinte (org.). *Emendas ao substitutivo*: comissão de organização dos poderes e sistema de governo. 1987. Disponível em: https://www.camara.leg.br/internet/constituicao20anos/DocumentosAvulsos/vol-102.pdf. Acesso em: 17 ago. 2021.

BRASIL. Comissões Temáticas. Assembleia Nacional Constituinte (org.). *Projeto de Constituição*. 1987. Disponível em: https://www.camara.leg.br/internet/constituicao20anos/DocumentosAvulsos/vol-226.pdf. Acesso em: 17 ago. 2021.

BRASIL. Comissões Temáticas. Assembleia Nacional Constituinte (org.). *Emendas de plenário e populares: volume ii (emendas 7.081 a 14.135).* 1987. Disponível em: https://www.camara.leg.br/internet/constituicao20anos/DocumentosAvulsos/vol-228.pdf. Acesso em: 17 ago. 2021.

BRASIL. Comissões Temáticas. Assembleia Nacional Constituinte (org.). *Emendas de plenário e populares: parecer sobre as emendas oferecidas em plenário ao projeto de constituição.* 1987. Disponível em: https://www.camara.leg.br/internet/constituicao20anos/DocumentosAvulsos/vol-234.pdf. Acesso em: 17 ago. 2021.

BRASIL. Comissões Temáticas. Assembleia Nacional Constituinte (org.). *Projeto de Constituição "A": nova reimpressão.* 1987. Disponível em: https://www.camara.leg.br/internet/constituicao20anos/DocumentosAvulsos/vol-253.pdf. Acesso em: 17 ago. 2021.

BRASIL. Constituição (1988). *Constituição da República Federativa do Brasil.* Brasília, DF: Senado Federal: Centro Gráfico, 1988.

BRASIL. Decreto nº 9.830, de 10 de junho de 2019. *Regulamenta o disposto nos art. 20 ao art. 30 do Decreto-Lei nº 4.657, de 4 de setembro de 1942, que institui a Lei de Introdução às normas do Direito brasileiro.* Disponível em: http://www.planalto.gov.br/ccivil_03/_Ato2019-2022/2019/Decreto/D9830.htm. Acesso em: 03 nov. 2022.

BRASIL. Decreto-Lei nº 4.657, de 04 de setembro de 1942. *Lei de Introdução às normas do Direito Brasileiro.* Disponível em: http://www.planalto.gov.br/ccivil_03/decreto-lei/del4657compilado.htm. Acesso em: 04 abr. 2022.

BRASIL. Lei nº 12.965, de 23 de abril de 2014. *Estabelece princípios, garantias, direitos e deveres para o uso da Internet no Brasil.* Disponível em: http://www.planalto.gov.br/ccivil_03/_ato2011-2014/2014/lei/l12965.htm. Acesso em: 04 abr. 2022.

BRASIL. Lei nº 13.655, de 25 de abril de 2018. *Inclui no Decreto-Lei nº 4.657, de 4 de setembro de 1942 (Lei de Introdução às Normas do Direito Brasileiro), disposições sobre segurança jurídica e eficiência na criação e na aplicação do direito público.* Disponível em: http://www.planalto.gov.br/ccivil_03/_Ato2015-2018/2018/Lei/L13655.htm#art1. Acesso em: 04 abr. 2022.

BRASIL. Lei nº 9.784, de 29 de janeiro de 1999. *Regula o processo administrativo no âmbito da Administração Pública Federal.* Disponível em: http://www.planalto.gov.br/ccivil_03/leis/l9784.htm. Acesso em: 15 out. 2022.

BRASIL. Plenário. Assembleia Nacional Constituinte (org.). *Emendas de plenário e do Centrão: emendas do centrão aprovadas.* 1987. Disponível em: https://www2.camara.leg.br/atividade-legislativa/legislacao/Constituicoes_Brasileiras/constituicao-cidada/o-processo-constituinte/plenario/vol255_centrao_aprovadas.pdf. Acesso em: 17 ago. 2021.

BRASIL. Superior Tribunal de Justiça (STJ). *Enunciados aprovados na Plenária da I Jornada de Direito Administrativo.* Disponível em: https://www.cjf.jus.br/cjf/noticias/2020/08-agosto/i-jornada-de-direito-administrativo-aprova-40-enunciados/Enunciados_Aprovados_IJDA.pdf. Acesso em: 15 mar. 2022.

CARVALHO, Paulo de Barros. *Direito tributário: linguagem e método*. 4. ed. São Paulo: Noeses, 2011.

FERRAZ JÚNIOR, Tércio Sampaio. *Introdução ao estudo do direito: técnica, decisão, dominação*. 3. ed. São Paulo: Atlas, 2001.

FERRAZ, Sérgio; DALLARI, Adilson Abreu. *Processo administrativo*. 2. ed. São Paulo: Malheiros, 2001.

FIGUEIREDO, Lúcia Valle. *Curso de direito administrativo*. São Paulo: Malheiros, 2004.

FRANÇA, Vladimir da Rocha. *Estrutura e motivação do ato administrativo*. São Paulo: Malheiros, 2007.

FRANÇA, Vladimir da Rocha. *Princípio da motivação no direito administrativo*. Enciclopédia jurídica da PUC-SP. Celso Fernandes Campilongo, Alvaro de Azevedo Gonzaga e André Luiz Freire (coords.). Tomo: Direito Administrativo e Constitucional. Vidal Serrano Nunes Jr., Maurício Zockun, Carolina Zancaner Zockun, André Luiz Freire (coord. de tomo). 1. ed. São Paulo: Pontifícia Universidade Católica de São Paulo, 2017. Disponível em: https://enciclopediajuridica.pucsp.br/verbete/124/edicao-1/principio-da-motivacao-no-direito-administrativo. Acesso em: 02 nov. 2021.

FREITAS, Juarez, FREITAS, Thomas Bellini. *Direito e inteligência artificial: em defesa do humano*. Belo Horizonte, Fórum, 2020.

FREITAS, Juarez. *Estudos de direito administrativo*. 2. ed. São Paulo: Malheiros, 1997.

FREITAS, Juarez. *O controle dos atos administrativos e os princípios fundamentais.* 5.ed. São Paulo: Malheiros, 2013.

GOMES, José Osvaldo. *Fundamentação do acto administrativo.* 2. ed. Coimbra: Editores, 1981.

GRAU, Eros Roberto. *A ordem econômica na Constituição de 1988*: (interpretação e crítica). 18. ed. São Paulo: Malheiros, 2017.

JUSTEN FILHO, Marçal. *Curso de direito administrativo.* 9.ed. São Paulo: Revista dos Tribunais, 2013.

MARTINS, Ricardo Marcondes. *As alterações da LINDB e a ponderação dos atos administrativos.* A&C – Revista de Direito Administrativo & Constitucional, Belo Horizonte, ano 20, n. 79, p. 259-284, jan./ mar. 2020. Disponível em: http://www.revistaaec.com/index.php/ revistaaec/article/download/1139/845. Acesso em: 03 nov. 2021.

MARTINS, Ricardo Marcondes. *Teoria jurídica da liberdade.* São Paulo: Contracorrente, 2015

MELLO, Celso Antônio Bandeira de. *Curso de direito administrativo.* 34.ed. São Paulo: Malheiros, 2019.

MELLO, Celso Antônio Bandeira de. *Elementos de direito administrativo.* São Paulo: Revista dos Tribunais, 1986.

MORAND-DEVILLER, Jacqueline. *Cours de droit administratif.* Paris: Montchrestien, 2005.

MOTTA, Fabrício. *LINDB no Direito Público: Lei 13.655/2018.* Fabrício Motta, Irene Patrícia Nohara. São Paulo: Thomson Reuters Brasil, 2019.

SCAFF, Fernando Facury. *A efetivação dos direitos sociais no Brasil: garantias constitucionais de financiamento e judicialização.* São Paulo: Quartier Latin, 2010.

SHOUERI, Luís Eduardo. *Normas tributárias indutoras e intervenção econômica.* Rio de Janeiro: Forense, 2005.

SILVA, Almiro do Couto e. *Conceitos fundamentais do direito no Estado constitucional.* São Paulo: Malheiros, 2015.

SUNDFELD, Carlos Ari (ed.). *Contratações públicas e seu controle.* São Paulo: Malheiros Editores, 2013.

SUNDFELD, Carlos Ari. *Motivação do ato administrativo como garantia dos administrados.* Revista de Direito Público. São Paulo: Revista dos Tribunais, n. 74, 1985.

TONIAZZO, D. W.; BARBOSA, T. S.; RUARO, R. L. O Direito à Explicação nas Decisões Automatizadas: uma Abordagem Comparativa Entre o Ordenamento Brasileiro e Europeu. *Revista internacional Consinter de direito*, v. 13, n. 13, p. 55-69, 2021.

TOURINHO, Rita. *Discricionariedade administrativa: ação de improbidade & controle principiológico.* Curitiba: Jaruá, 2004.

UNIÃO EUROPEIA. *Regulamento (EU) 2016/79.* Parlamento Europeu e do Conselho de 27 de abril de 2016: relativo à proteção das pessoas singulares no que diz respeito ao tratamento de dados pessoais e à livre circulação desses dados e que revoga a Diretiva 95/46/CE (Regulamento Geral sobre a Proteção de Dados). Disponível em: https://eur-lex.europa.eu/legal-content/PT/TXT/?uri=celex%3A32016R0679. Acesso em: 04 abr. 2022.

WORLD HEALTH ORGANIZATION. *Coronavirus disease (COVID-19) pandemic*. Geneva: World Health Organization; 2020. Disponível em: https://www.who.int/emergencies/diseases/novel-coronavirus-2019. Acesso em: 04 abr. 2022.